U0577114

高校学生事务管理探索与实践

孙晓明　著

延吉·延边大学出版社

图书在版编目（CIP）数据

高校学生事务管理探索与实践 / 孙晓明著. -- 延吉 ：
延边大学出版社，2025. 1. -- ISBN 978-7-230-07923-5

Ⅰ．G645.5

中国国家版本馆 CIP 数据核字第 2025QF3483 号

高校学生事务管理探索与实践

著　　者：孙晓明

责任编辑：朱秋梅

封面设计：文合文化

出版发行：延边大学出版社

社　　址：吉林省延吉市公园路 977 号

邮　　编：133002

网　　址：http://www.ydcbs.com

E-mail：ydcbs@ydcbs.com

电　　话：0451-51027069

传　　真：0433-2732434

发行电话：0433-2733056

印　　刷：三河市同力彩印有限公司

开　　本：787 mm×1092 mm　1/16

印　　张：10

字　　数：185 千字

版　　次：2025 年 1 月　第 1 版

印　　次：2025 年 1 月　第 1 次印刷

ISBN 978-7-230-07923-5

定　　价：68.00 元

前　言

我国社会主义市场经济的不断发展和高等教育改革的广泛深入，既给高校的发展带来了难得的机遇，又给高校的学生管理工作带来了新的考验和挑战。因此，适应快速发展的新形势，正视学生管理工作出现的新情况和新问题，探索新时期学生管理工作的新思路，已成为当前高校学生管理工作者面临的紧迫任务。

高校学生事务管理是人才培养的重要支撑和保障，在高校管理和学生成长中发挥着重要作用。学生事务管理工作是高校实现自身培养目标的一个重要手段。现阶段，我国高等学校的学生管理工作科学化、规范化、专业化的任务还很重，仍然是一个有待深入研究和不断开发的领域。本书首先对高校学生管理的基本概念、原则、特点、价值等进行了简要概括，提出新时期我国高校学生事务管理面临的机遇和挑战；接下来，分章论述了高校学生事务管理的理论基础、主体、内容、模式、保障机制；在此基础上，从不同层面建构了既符合大学生认知特点与发展规律，又能满足大学生多种发展需求的学生事务管理新模式；最后，从不同侧面对新时期我国高校学生事务管理的发展进行了探索。总之，本书为推动新时期我国高校学生事务管理的发展提供了新的视角和思路。

由于笔者的时间和精力有限，书中难免存在不妥之处，敬请广大读者批评、指正。

曾贵参与了本书的审稿工作。

目　录

第一章 高校学生事务管理概述

第一节 高校学生事务管理的概念与原则

一、高校学生事务管理的概念界定

"学生事务管理"一词源自欧美，与我国的学生工作相对应，但学生事务并不是伴随高校的产生而产生的。在 19 世纪下半叶，欧美高校开始注重学术与研究，专业教师已无暇顾及学生课外活动等事务，这时便出现了专职管理学生事务的行政人员，从而使学生事务作为一项独立的事务逐渐从学术事务中分离出来。学生事务是 20 世纪早期在高等教育中出现的、相对于学术事务而言的新领域。通常来讲，学术事务涉及学生学习、课程、课堂教学和认知发展等，而学生事务则与课外活动、学生生活、住宿，以及学生的感情和个性发展等有关。学生事务管理一般被理解为学生事务这一领域的总称。

20 世纪 70 年代，学术界对于学生事务的概念界定还存在争议，学生工作、学生事务、学生服务和学生发展这些概念经常互换使用。后来，学生事务管理被认为是与学生相关的非学术性事务以及与学生课外活动有关的所有概念、事项及活动的集合和总称。国内绝大多数学者接受这一主流观点，解释学生事务管理的内涵也大都从与学术事务相对应的角度出发。例如，方巍认为，学生事务工作指对学生非学术性事务或课外活动的管理。蔡国春将学生事务管理的基本含义界定为高等学校通过非学术性事务和课外活动对学生施加教育影响，以规范、指导和服务学生，丰富学生校园生活，促进学生成长成才的组织活动。漆小萍把高校学生事务管理的基本含义界定为对学生非学术性活动和课外活动的组织、指导和管理。

但是，有的学者并未单纯强调高校学生事务的"非学术性"。储祖旺将高校学生事务管理界定为高校的专门组织和学生事务管理者依据国家的法律、政策和人才培养目标，在一定的学生事务管理价值观指导下，运用相关专业知识和技能，配置合理的资源，提供促进学生发展所必需的学生事务的组织活动过程。

可以看出，高校学生事务管理在不同历史时期有着不同的内涵。高校学生事务管理的概念经国内外学者的深入研究，已具有独立性、专业性。我国学者对高校学生事务管理的阐述具有明显的本土化特征，有的学者认为，美国的学生事务从工作的对象、性质、内容和范围上与我国高校的学生工作是类似的。随着专业化、职业化理念的确认，高校学生事务管理逐步从笼统的高校学生工作和德育工作中分离出来，特别是中共中央、国务院发出的《关于进一步加强和改进大学生思想政治教育的意见》充分体现了对高校学生事务管理的关注。新时期，学生事务管理这一概念有了全新阐释，即高校在以学生为本的教育理念下，围绕促进大学生全面发展的目标，运用恰当的工作方式和多样的技能手段，遵循专业、科学、法治、民主的基本原则，合理配置资源，形成教育合力，开展将满足学生需要、高校需要与社会需要相结合的组织活动的总称。学生事务管理与教学、科研一样，都是高等教育不可或缺的有机组成部分。

二、高校学生事务管理的基本原则

高校学生事务管理中出现的各种问题，从表面上看都是管理部门的管理服务问题，但追根溯源，主要是由于学生事务管理中基本原则的缺失。因此，要想提高学生事务管理的质量和水平，发挥管理育人的职能，就要确立学生事务管理的基本原则，要遵循原则、总结经验、构建模式，这样高校学生事务管理的质量和水平才能持续提高。

（一）以学生为本的原则

"以学生为本"是习近平新时代中国特色社会主义思想的"人民中心论"的具体化。以学生为本要求在规章制度的制定上，必须聚焦学生的意志品质养成、规则意识确立、创新思维开拓等，充分考虑学生的利益和诉求，而不是单纯从"管好、管住"的角度出发。在具体管理实践中，更要把学生的利益置于中心位置，时时、事事、处处替学生考虑，帮助学生解决各方面难题，抚慰学生的情绪，帮助学生全面成长。只有坚持以学生为本，才能使学生的利益得到充分保障，使学生在健康的环境中成长。

（二）协同治理的原则

全面深化改革的总目标是完善和发展中国特色社会主义制度，推进国家治理体系和治理能力现代化。学生事务管理的现代化就是要在学生事务管理中学习贯彻习近平新时代中国特色社会主义思想，协同利益相关主体共同治理。一般而言，学生事务管理涉及四个利益相关主体，即学生事务管理主责部门、学生自治组织、社会服务力量及学生家长。在这个治理结构中，学生事务管理主责部门是治理结构的核心，承担着协同其他力量参与共治的主要责任。学生自治组织一方面要进行自我管理，另一方面也必须参与到共治之中，发挥朋辈效应，更好地为学生服务。社会服务力量已经深度介入大学生生活之中，成为大学生生活不可缺少的主体力量，协同这一主体参与共治，发挥服务育人的功能，能够更好地提高服务的质量和水平。学生家长作为一种监督力量，也是学生事务共治的主体，能有效促进学生事务管理的规范化。四种主体力量相互合作、协同共治，形成学生事务管理的闭环，是确保学生事务管理有序运行的制度保障。

（三）依法管理的原则

坚持依法管理是高校适应加快建设社会主义法治国家的要求，发挥法治在学生事务管理中的客观要求，是提高学生事务管理法治化、科学化水平的迫切需要。坚持依法管理能够有效破除学生事务管理中普遍存在的人治思维，做到依法管理，缩小自由裁量的空间。坚持依法管理必须做到学生管理的规章制度与大学章程的精神相一致，规章制度的制定要经过立项、起草、审核、实施和废止等环节，从形式上保证规章制度内容的合理性。在制定涉及学生利益的重大管理制度时，原则上应当有学生主体的参与，或者使学生享有充分的知情权。要按照中华人民共和国教育部（以下简称"教育部"）制定的《全面推进依法治校实施纲要》，设立法律服务机构，为学生提供法律服务，切实保障学生的合法权益。

（四）服务第一的原则

高校学生事务管理的经验做法一般偏向刚性管理，一些学生与高校之间的冲突是由刚性管理引起的。在学生权利意识日益提高的背景下，必须转变观念，贯彻以学生为本的理念，变管理为治理，变管理为服务。只有树立起服务学生的原则，才能在管理实践中充分考虑学生的需求，尊重学生的发展，使学生在服务型管理中感受到自身的主体性，并由此生发出爱校荣校的意识，真正达成"立德树人"的使命。

第二节　我国高校学生事务管理的发展及特点

我国现代高等教育发展的历史较为短暂，从中华人民共和国成立至今也只有 70 多年的历史。我国高校的学生事务管理在 70 多年的发展历程中已经取得了显著的成果。

一、我国高校学生事务管理的发展

长期以来，我国高校学生事务管理更多被"学生工作"这一术语替代。从中华人民共和国成立以来我国高等教育改革发展的历程来看，高校学生事务管理的发展可以分为三个阶段。

（一）以"社会本位"为主导的学生政治思想工作模式（1949 年至 20 世纪 80 年代初）

我国的高校学生事务管理，按照其直接的承继关系，可以追溯至建党初期和解放区、根据地的军政学校和其他一些培训机构。该类学校的组织机构基本上仿照部队编制，对学生实行军事化管理。学校设有政治部、训练部、校务部。政治部下设组织、宣传、训育、秘书四个科，负责党的思想政治工作。但严格意义上说，我国高校学生事务管理应该是从中华人民共和国成立开始的。中华人民共和国成立以后，高校学生事务管理强调学生要服从于学术权威和权力权威，个人的价值取向要服从于社会组织的主导价值取向。学生事务管理制度在继承根据地抗日军政大学政治指导员制度的优良传统基础上，借鉴苏联的经验，对学生采取政治辅导员制度。辅导员主要从事政治教育和与政治有关的活动，他们的工作又被称为"学生政治思想工作"。这一时期，学生事务管理表现为目的、内容统一，管理模式和方法"一刀切"，以"社会本位"为主导开展管理工作。

在这个阶段，高校学生事务管理的主要目的就是使学生的个人发展服从于国家需要。我国的高校学生事务管理是伴随着社会对高校的政治要求而产生的。为强调政治思想教育的重要性，高校学生事务管理实行校长负责制，学生事务管理的组织架构是校长—教务长—系主任三级行政负责制。1952年10月，各高校设立政治辅导处，配备辅导员，各辅导员在校长领导下负责学生工作。强调政治领导，由党团组织、政工干部、政治辅导员共同负责的工作模式，成为我国高校学生事务管理的一个特色。1961年，我国颁布了第一个完整的高校行政法规《教育部直属高等学校暂行工作条例（草案）》。虽然该法规对高校学生行为准则、课内外活动、班级组织、奖惩、学籍管理等做出了明确的规定，但此时并不存在纯粹意义上的学生事务管理，人们一般将其称为"学生政治思想工作"。

（二）"社会本位"与"个人本位"相结合的工作模式（20世纪80年代至21世纪初）

1.学生教育管理强化阶段

1978年以后，我国坚持以经济建设为中心，开始了以经济体制为主的全面改革，为高校的发展创造了全新的环境，也给高校学生事务管理带来了新的机遇和挑战。伴随着改革开放的深入，西方社会思潮及价值观念大量涌入，给大学生的价值选择带来了冲击和影响，为此，这一时期的高校学生事务管理主要围绕"端正学生的政治立场，坚定中国必须走社会主义道路的信念"和"建设良好校风和学风等基础建设"这两个方面展开。1978年12月，教育部颁布的《高等学校学生学籍管理的暂行规定》，可看成加强学生管理，利用管理手段进行学生工作的一个新起点。学生教育侧重于对学生进行日常思想政治教育，使之成为政治方向坚定、思想品德优良的接班人。学生管理旨在保证学生遵循高校的规章制度，维护高校办学秩序的稳定。在这个阶段，学生管理仅仅是作为服务于学生教育的一种手段而存在的。与以往相比，高校普遍设立了专门的学生事务管理机构；学生管理也逐渐从人事和教学管理活动中脱离；有关学生考勤与纪律、奖励与处分、毕业生分配和学生宿舍管理等事务，陆续划归学生事务管理部门；学生事务管理的内涵进一步丰富。

2.强化学生思想政治教育或德育阶段

从 1989 年开始，高校在学生思想政治教育上坚持"德育首位"原则，把思想政治教育作为学生事务管理的主要内容，而且随着思想政治教育科学化和学科化的发展以及高校学生思想政治教育工作专业化和职业化观念的提出，学生事务管理中的思想政治教育功能不断强化，由独立于教学系统之外的专门组织机构负责。同时，这一时期国家也越来越意识到高校学生事务中管理的作用，陆续颁布了《高等学校学生行为准则（试行）》和《普通高等学校学生管理规定》。学生事务管理的具体内容主要涉及学籍管理、课外活动、校园秩序、奖励与处分四大方面。但高校学生事务管理在实践中仍然表现为过多关注高校思想政治教育的社会价值、工具价值，对个体发展价值重视不够。这一时期，学生事务管理涉及"大学生思想政治教育"和"学生管理"两个方面的内容，现代意义上的学生事务管理逐渐开始发展。

（三）以学生为本，立足学生全面发展的工作模式（2004 年至今）

进入 21 世纪，高等教育迈进大众化阶段，社会的转型变革对高校学生事务管理提出了新要求和新挑战。高校学生事务管理既要引导学生肩负起建设中国特色社会主义的历史使命，也要关怀和尊重学生个性化成长的合理需求，引导学生在理想与现实中找到最佳结合点，在社会性与个体性的相互融合中培养责任感和进取心，实现个人价值与社会价值的统一。2004 年，中共中央、国务院发布《关于进一步加强和改进大学生思想政治教育的意见》；2005 年 3 月，教育部重新修订并颁布了《普通高等学校学生管理规定》。这些举措促进了我国高校学生事务管理的全面发展。这一时期，我国高校学生事务管理的范围进一步扩大，学生事务管理机构进一步完善。例如，针对学生就业需要，成立了毕业生就业指导中心；针对学生心理健康教育的需要，成立了学生心理健康教育中心；针对经济困难学生帮扶的需要，成立了学生资助中心。高校学生事务管理除了强调教育和管理两大职能，更加强调指导学生和服务学生的功能。这一时期的学生事务管理基本具备了现代"学生事务管理"的功能与意义，我国高校学生事务管理模式也逐渐走上专业化发展的道路。

二、我国高校学生事务管理的特点

我国高校学生事务管理经过不断变革与发展，逐渐由"社会本位"转向"以学生为本"，由单纯的政治教育或思想政治教育转向教育、管理和服务并重，学生事务管理专业化水平也有了进一步提高，具体表现出以下特点：

（一）与时俱进，不断更新学生事务管理模式

我国高校学生事务管理从单纯的政治导向发展至以学生发展理论为指导，体现了不同时代背景下对"培养什么人""怎样培养人"的不同理解。高校学生事务管理在功能定位、内容更新、手段协同等方面均与时俱进，体现了一定的时代性和有效性，符合高等教育发展的规律和大学生自身成长的规律，保证了高校学生事务管理方向的正确性和科学性。高校学生事务管理模式强调"以学生为本"的教育理念，注重促进学生的全面发展，立足于保障学生的合理需要和利益诉求，自始至终贯穿积极、主动为学生成长成才服务的思想，是现代高校学生事务管理的新模式。

（二）教育行政导向明显，本质仍是管理活动

高校学生事务管理隶属于教育行政管理序列。在教育主管部门的指导和领导下，高校根据要求处理学生事务系统内横向和纵向、上下各方的关系。学生事务管理本质上仍是一种组织管理行为，我国的高校学生事务管理拥有坚强有力的领导组织和明确的指导思想，需建设一定数量的专职人员队伍以及具备充足的物质条件和资源保证。

（三）横向联合、条块结合运行

与西方高校学生事务管理组织机构的垂直化、扁平化相比，我国高校学生事务管理长期以来采取的是横向联合、条块结合的运行机制。高校学生事务管理由高校党委副书记和行政副校长负责，成立学生工作指导委员会，委员会成员由党委组织部、党委宣传部、学生工作处（部）、团委、教务处、保卫处、后勤处等相关职能部门组成。大多数高校目前采取校、院两级管理体制，条块结合，以块为主。高校学生工作处（部）作为具体负责机构，指导院系一级学生事务管理工作的开展。

（四）对学生校园生活实行主动干预式管理

西方发达国家的学生事务管理模式采用的主要是"窗口式服务"或"一站式服务"，旨在为有需要的学生提供"被动支持服务"，保障学生校园生活的安定有序。我国高校历来通过"主动引导教育"来对学生成长目标进行干预。高校学生事务管理有专职的学

生工作副书记和辅导员，他们与学生联系密切，主动介入学生的学习与生活，直接对学生开展日常思想政治教育并处理其他学生事务。

第三节 高校学生事务管理的价值

一、高校学生事务管理价值的内涵

高校学生事务管理价值是指高校学生事务管理的主体（高校的专门组织和学生事务管理者）与学生事务管理的客体（高校学生事务）之间的一种特定的关系，属于教育管理的范畴。高等教育和学生事务管理是社会的工具，因此它们的价值更多意义上是工具性价值。

高校学生管理的客体包含两个层面：一是对"人"的管理，关注人与人之间关系的调适；二是对"事"的管理，关注事与人的匹配。高校学生事务管理的价值建立在高校学生事务与高校的专门组织和学生事务管理者的现实关系的基础上，其最终体现的是主体和客体对需要的满足程度。高校学生事务管理价值的内涵主要包括以下三个方面：

（一）高校学生事务管理的价值以其主体与客体之间的现实需要为基础

高校学生事务管理价值的主体是具有社会性的个人、组织、团队的总称。客体是高校学生事务的活动过程及其属性。学生的合理性需要是高校学生事务管理价值产生的主体根据，高校学生事务管理本身所具有的规范性等属性是高校学生事务管理价值产生的客体条件。如果学生事务管理的主体与客体之间没有形成需要与被需要的现实关系，就不能产生价值，也就不能形成价值关系。所以说，高校学生事务管理的价值基础就是其主体与客体之间的现实需要。

（二）高校学生事务管理价值的直观体现是对价值主体需要的不断满足

教育管理活动本质上是一种以人为管理对象的价值活动。人作为有血有肉的客观存在，是具有价值、情感的，是理性与非理性、理想与现实的结合。高校学生事务管理对价值主体需要的不断满足，是高校学生事务管理价值的基本内容，是高校学生事务管理价值的直观体现，表明了对价值主体需要的满足。高校学生事务管理对价值主体需要的不断满足具体体现为：首先是把价值主体的需要制度化；其次是将已制度化的价值主体需要再现实化，也就是将价值主体所确定的学生事务管理的价值目标，通过学生事务管理功能，在实践中予以发挥；最后在促进价值主体需求不断满足的同时，实现高校学生事务管理自身不断趋于合理和完善。

（三）高校学生事务管理价值的具体体现是其价值含义的多元属性

高校学生事务管理的价值除了具有主体性和客观性外，还具有社会性和历史性、相对性和绝对性、多元性和一元性等基本属性。高校学生事务管理价值的基本属性是哲学意义上的价值属性在高校学生事务管理上的具体化，从一定意义上说，高校学生事务管理价值就是主体性和客观性、社会性和历史性、相对性和绝对性、多元性和一元性的统一。在我国，高校学生事务管理价值的具体表现为：

一是高等学校培养目标得以实现的重要保证。科学、民主、规范的学生事务管理对学生成长成才具有保障和支持作用，是高校实现教育目的的重要途径。二是高校学生健康发展、成长成才的现实需要。高校学生事务管理的价值突出表现为解决学生个性发展需要与社会发展需要之间、发展需要的一致性与多样性之间的矛盾。三是高校学生事务管理科学发展的前提条件。学生事务管理是高校事务的一项经常性、基础性工作，是保证办学方向、建设优良学风、提高人才培养质量的重要保证。四是国家法治化建设顺利推进的客观要求。法治精神要求高等教育管理尊重并保护大学生的个人权利，这正是高校学生事务管理适应法治社会、走向现代化的一个标志。

二、高校学生事务管理的价值所在

高校学生事务管理的价值是多方面、多层次的，学生事务实践的价值来自对实践的总结和回顾。美国学者把高校学生事务管理的价值概括为三个层面：个体的价值、情境的价值和工具性的价值。个体的价值主要包括经验和责任等；情境的价值包括社群、平等和正义；工具性的价值是联结个体与情境的桥梁，促使个体产生归属感。我国学者认为，不能简单将西方的学生事务管理模式直接作为我国高校学生事务管理的标准和模板，而应从我国高等教育的实际出发，汲取历史和文化中的管理智慧，提炼教育管理理论，以"中国管理科学化，管理科学中国化"为宗旨，注重学生事务管理功能与中华文化资源（尤其是人文智慧与道德价值）的整合，在实践中探索和构建具有中国特色的学生事务管理模式。高校学生事务管理的实践价值主要表现为以下四点：

（一）引导学生适应生活

高校学生事务管理通过为学生提供多样化、多功能的管理和服务，培养学生的社会适应性。这种适应性主要包括校园生活适应性和社会生活适应性两个方面。高校学生事务管理为学生提供的管理与服务主要包括生理、心理、休闲服务等符合个体发展需求的服务，以及增进学生自我了解、情绪管理、职业辅导、两性交往等与学生整体发展相关的服务。高校学生事务管理者可通过新生入学辅导、宿舍管理、日常行为规范、奖惩管理及心理咨询等途径，帮助学生适应校园生活；通过大学生职业生涯辅导，如就业政策宣传、职业生涯咨询、就业创业教育、就业技巧训练等，帮助学生积累更多走向社会的经验，更能适应社会需求，增强其社会适应性。

（二）培养学生智力发展

发展智力是高校学生事务管理应有的目的。高校学生事务管理通过鼓励学生积极参加实践活动和训练项目，培养学生的各方面能力，关注学生的知识积累。未来学生事务管理的重心是"学生学习"，关注学生的学习成果和个体发展。高校学生事务管理部门可以与高校的教学、科研管理部门通力合作，探讨和实践在课外活动中培养学生的方式，让不同层次的学生在学习和生活中有不同程度的自主权和选择权；鼓励学生参与高校事务，设计与营造有利于不同特质学生成长和技能培养的多维场景，以培养学生的探索精神和创新能力，不断发展学生智力，促进学生的全面发展。

（三）促进学生道德认知

高校学生事务管理的价值是为学生的道德成长提供积极有效的引导。学生事务管理者往往是学生在高校接触的第一个人，也是接触时间最长的人，他们的言行举止能对大学生产生重要的影响。学生事务管理者不仅要展示自己良好的道德品行，而且要为学生理解和遵守道德准则担负起相应的责任，要善于培养学生对人和事物的敏感度和理解能力，帮助学生观察和理解各种事件，培养其有效辨别复杂多样的问题的能力，促进学生以多元的眼光理解和分析问题，并采取相应的行动，从而不断提高学生的道德认知。

（四）传承社会核心价值

社会核心价值具有内在性，是最根本、最核心的社会意识形态。对于现代社会而言，价值多元化、价值冲突是一种客观存在。不同价值主体的存在是导致价值冲突的现实基础。高校学生事务管理不是简单地消除价值冲突和价值多元化，而是鼓励学生在价值多元化和价值冲突中把握核心价值，在价值的碰撞中坚持传承社会核心价值。

三、高校学生事务管理的价值反思

高校学生事务管理的价值取向就是人们对学生事务管理的价值关系的认识和评价以及在此基础上确定的行为标准。在高校学生事务管理不断趋于专业化的今天，学生事务管理的价值取向的更新与超越，实质上就是主体自我意识的不断提高与发展。高校学生事务管理的价值取向不仅对主体的活动具有指导作用，而且能够调节主体的行为方式。纵观我国高校学生事务管理的发展历程，高校学生事务管理更重视学生的社会价值，认为从社会对人的需要出发才是学生事务管理的合理性所在；高校学生事务管理强调学生事务管理部门要形成严密的组织结构，强化学生事务管理部门的工具理性，认为建构一套科学的、行之有效的管理程序和方法才是高校学生事务管理的目的。因此，只有将社会本位与个体本位、科学精神与人文关怀、价值理性与工具理性融合发展，才能充分实现高校学生事务管理的价值目标。

（一）高校学生事务管理要强调社会本位与个体本位并重

高校学生事务管理的社会本位价值重视学生事务管理的社会价值，强调高校学生事务管理要满足社会对人才的需要，具有一定的合理性，但若过分强调学生培养目标与社会需求的联系，则会忽视学生自身发展的需要，不利于学生多元化、个性化的发展。而高校学生事务管理的个人本位价值强调学生的个性发展和需要，具有一定的可取性，但若仅仅强调学生的个性发展与需要，往往就会无视学生发展的社会需要。这种倾向发展到一定程度，就有可能把满足学生的需要和满足社会的需要对立起来。

无论是社会本位价值还是个人本位价值，都有其存在的价值，过分强调某一方面，都是片面的。因此，在学生事务管理实践中，应当把重视学生的发展与满足社会需求结合起来，把学生与社会发展的互依性、互动性、互利性作为学生事务管理的根本价值追求，既规避社会需求对人的压抑，又不脱离社会实际与发展的需要。可以说，学生的发展是学生事务管理的直接目的。同样，学生的发展方式和路径，在相当大程度上是根据社会发展变化的实际来确定的。所以，高校学生事务管理必须强调社会本位与个体本位并重。

（二）高校学生事务管理要注重科学精神与人文关怀结合

教育管理的科学主义思潮是以一种客观的观点对管理进行价值中立研究，以一种科学的知识去控制和改善组织，以一种对人类决策起作用的理性为基础，旨在研究提高组织的效率和效益的管理观。学生事务管理的科学精神追求，摒弃了传统的"经验论"，促进了学生事务管理从经验性、实践性逐步上升至科学性，运用逻辑实证主义，从"应然性"概括转变为解释性和说明性的"必然性"归纳，使学生事务更追求客观性。但这也有一定的负面影响：一是科学主义认为只有经过事实验证所获取的才是正确的经验；二是过分强调组织的作用；三是过分强调理性而忽视情感、需要、意志、动机等非理性因素。科学人文主义的倡导者乔治·萨顿就提出了"科学人性化"的概念，认为如果科学只被人从技术的功利主义的角度来看待，那它简直就没有任何文化上的价值。人文主义者承认人的价值与尊严以及人的自由意志与自我导向能力，视人为万物的尺度，把人性、人性的限度或利益作为探讨的主题。人文主义的学生事务管理思想十分注重人的主观价值、伦理道德等非理性方面，以真、善、美为标准，但也有一定的缺陷：一是忽视了从静态角度研究组织结构的必要性；二是片面强调人的非理性在管理和决策中的作用，对外部文化、组织的影响还不够重视。

我们认为，高校学生事务管理必须摆脱科学主义和人文主义的片面性，过分强调科学精神、科学技术至上，必然导致人文精神的缺失；过分强调人文关怀，又会制约学生事务管理的发展。只有既重视客观事实又重视学生需要，在学生与组织的关系中把学生看成核心，同时关注学生的理性方面与非理性方面，有机地将科学精神与人文关怀结合起来，才是高校学生事务管理应该坚持的价值原则。

（三）高校学生事务管理要追求价值理性与工具理性的统一

我国的高校学生事务管理区别于西方，涵盖了学生思想政治教育内容，并不是说西方的高校学生事务管理不包含思想政治教育的内容，只不过西方的高校学生事务管理中思想政治教育所占的比重较轻，并且呈隐性教育的方式。在西方，思想性、政治性的教育，一般通过政治教育、公民教育或价值观教育来普及。作为高等教育的重要组成部分，思想政治教育有两项重要任务：一是培养大学生的社会主义核心价值观；二是引导大学生积极参加社会实践，提高其社会实践能力，培养其创新精神。高校思想政治教育的价值理性，强调社会主义核心价值观的培养，注重引导大学生树立正确的世界观、人生观和价值观；高校思想政治教育的工具理性，则要求大学生积极参与社会实践，适应社会发展需要，在实践中升华理论素养。这二者并不矛盾，思想政治教育的根本任务和宗旨是以马克思主义中国化的科学理论武装人，培养大学生运用辩证唯物主义的立场、观点和方法分析和解决问题的能力；思想政治教育的最终目标是培养社会主义事业的合格建设者和可靠接班人，反哺社会发展，为社会创造价值。同时，思想政治教育还要求把社会主义的行为准则和道德规范灌输给学生，使学生认同并接受社会主义核心价值观。只有实现高校思想政治教育的工具理性选择和价值理性选择的有机统一，才能提高高校思想政治教育的实效性。

第四节 新时期我国高校学生事务管理面临的机遇与挑战

一、网络信息技术对我国高校学生事务管理的影响

一方面，现代化信息技术的高速发展极大地延展了高校学生事务管理的时空界限，使不少复杂的学生事务管理工作都有了简洁的网络流程，不再需要进行面对面的交流沟通，这在一定程度上提高了高校学生事务管理的效率。现代信息技术正在逐步改变高校学生事务管理的手段，使高校学生事务管理日益朝着管理的自动化、决策的科学化、服

务的网络化迈进。

另一方面，网络信息时代的开放性、平等性打破了管理者对信息的垄断及由此衍生的集权控制。它要求高校学生事务管理由传统的自上而下的单向灌输与学生被动接受的方式，转变为双向、多向的直接交流和互动；要求高校学生事务管理破除以往单调的指示、命令与说教的方式，转变为图文并茂、生动活泼的思想和情感交流的方式。网络信息技术打破了高校传统平面式、集中式的教学方式，更多地呈现出多样化、分散式、自由度较高的教育形式，这就需要学生事务管理模式向开放的方向转变。同时，网络信息良莠不齐，各种有用与无用、正确与错误、先进与落后的思想文化、价值观念交织在一起，使高校学生在上网的过程中易受到精神垃圾的干扰和侵蚀，甚至患上"网络成瘾综合征"，这些都给高校学生事务管理工作带来了挑战。

二、社会和谐发展对我国高校学生事务管理的影响

社会和谐发展是一个包括物质文明、精神文明和政治文明在内的，促进人的全面发展的现实目标，它对高等教育提出了新的任务——为和谐社会提供人才和智力支持。

一方面，作为高等教育有机组成部分的高校学生事务管理，日益受到党和国家的高度重视，我国陆续出台了一系列有关学生资助、心理健康、就业制度、思想政治教育、队伍建设等方面的法规文件。

另一方面，高校学生事务管理要想有利于推进和谐社会建设，必须依照和谐社会发展的要求，对现有办学制度和高校文化进行改革，将现代高校的学生事务管理理念与精神制度化，并建立起真正意义上的高校学生事务管理制度，包括学生事务管理的决策、实施、评价等运行机制及相应的制度环境。现代高校学生事务管理制度要体现高校文化的特征，要具有合法性、合理性，体现公平性、竞争性，并从根本上反映和谐社会发展的需要。

三、高等教育改革对我国高校学生事务管理的影响

（一）全面提高教育质量对我国高校学生事务管理的影响

切实提高我国高等教育的质量已经越来越成为社会的共识，也从另一个角度为学生事务管理带来了新机遇、新挑战。一方面，全面提高高等教育质量的倡导将引导高校学生事务逐步由边缘性角色回归到高等教育的主体角色。"促进学生学习"亦成为高校学生事务的主旋律，它使学生事务逐步回归高等教育的本位，即在学生的学习与发展中扮演着更直接、更积极与更具教育意义的角色，这为我国高校学生事务管理开创新的局面带来了前所未有的机遇。围绕全面提高高等教育质量的目标，高校学生事务管理将通过拓展管理内容、调整管理方式、建设管理队伍、完善管理制度等发挥其对学生发展的重要导向作用。

另一方面，全面提高高等教育质量的倡导必将促进高校学生事务管理理念、内容、方法的更新及高校学生事务管理职能、机制的改革，给高校学生事务管理带来新的挑战。全面提高高等教育质量的改革需要确立科学、全面的高等教育质量管理观，这对高校学生事务管理的目标定位提出了新要求，主要目标应定位于促进学生的全面发展。全面提高高等教育质量对高校学生事务管理改革提出了诸多新要求，例如：如何提供以促进学生学习为目的的辅导项目和服务；如何扶持以"学生自主学习"为理念的合作学习小组和学习型团体建设；如何构建科学、合理的学生评价体系；如何打破学生事务与学术事务的藩篱，使高校学生事务部门与学术事务部门协作与融合，共同营造良好的学习环境，促进学生学习等，这些都是新的发展背景下高校学生事务管理改革所面临的新任务。

（二）高等教育国际化对我国高校学生事务管理的影响

在我国，随着高等教育步入国际化轨道，高校的办学水平、人才培养规格都日益受到国际化标准的影响。一方面，高等教育国际化要求学生事务管理者用世界眼光、战略思维来重新审视学生事务的管理思路、管理格局、管理经验和方法，不断寻求不同学科知识、不同思维方式、不同工作方法的共振和整合，实现管理方法的现代化、管理模式的科学化。

另一方面，高等教育国际化给高校学生事务管理带来了更多的挑战。首先，在高等教育国际化背景下，如何坚持和倡导主流文化并形成自己的文化特色是高校学生事务管

理面临的新挑战。其次，如何融合多元文化是高校学生事务管理面临的另一个挑战。如何不断解放思想，顺应多元文化发展的需要，打破阻碍文化交流的壁垒，促进文化的发展，并根据新的文化需要推进学生事务管理制度的不断改进，建立新的学生事务管理模式，使各种文化形态都能够在校园内和谐生长、共同进步，培养出各具风采、富有个性的大学生，是当前高校学生事务管理面临的新课题。最后，在高等教育国际化背景下，如何提高学生在不同文化背景下交流与合作的能力也是高校学生事务管理面临的一个挑战。

四、学生自身特点变化对我国高校学生事务管理的影响

当代大学生成长于改革开放之后，他们有其自身的特点。一方面，高校学生总体上具有较高的思想政治觉悟，对党和国家的前途充满信心，更加拥护党的领导。他们自强、自立，具有较强的社会责任感和竞争意识，非常重视个人素质的提升和个性发展，既重视专业知识学习，又积极参加社会活动。高校学生的这些特点会增强管理者做好学生事务管理的信心。

另一方面，高校学生出现了值得高校学生事务管理者重视的新特点。首先，学生的价值观从一元向多元转变，价值追求从理想主义向求真务实转变，这就对高校学生事务管理者提出了更高的要求。其次，高校学生在年龄层次、成长经历、成就取向、个性特征等方面都存在很大的差异，这就需要高校学生事务管理者根据不同学生的特点和需求设计出不同层次的服务项目，以满足他们成长和发展的需要。最后，学生压力增大，心理健康问题突出。

可见，新时期我国高校学生事务管理面临各种问题和挑战，各管理主体应认真总结，不断解决新问题，提高学生事务管理的实效性。

第二章 高校学生事务管理理论基础

第一节 高校学生事务管理的基本理论

一、人的全面发展理论基础

（一）人的全面发展理论的内涵

马克思认为，人的全面发展就是"人以一种全面的方式，也就是说，作为一个完整的人，占有自己的全面的本质"。人的本质是一切社会关系的总和，它包括三个层面的内涵：第一，人的活动的全面发展，即人具有感性，因此人的全面发展其实就是人的感性活动的全面发展；第二，人的社会关系的全面丰富，即个人与他人、个人与群体之间都会产生关系；第三，人的素质的全面提高和个性的自由发展，即人性的全面发展集中表现为人的素质的全面提高和个性的自由发展。总体来说，马克思关于人的全面发展理论认为人的发展是全面的、自由的、充分的，它包括人的需要的满足、能力的提高、社会关系的丰富、自由个性的发挥、主体性的充分发展等内容。

（二）人的全面发展理论与高校学生事务管理

马克思关于人的全面发展的理论始终是指导我国高校学生事务管理实践的重要思想。高校以培养"全面发展的人"为宗旨，对学生进行正确的世界观、人生观和价值观的教育与引导，使其在各个方面得到发展。因此，高校和学生事务管理者应该正确理解全面发展教育观的内涵，确立学生的主体性地位，为学生提供良好的教育环境，注重平衡学生事务管理和学术事务管理之间的关系，防止片面的专业教育。同时，协调好学生事务各个项目之间的关系，结合学生的个性和特点，自觉地坚持和贯彻全面发展的教育理念。

二、素质教育理论基础

（一）素质教育理论的内涵

所谓素质教育，是指从培养有理想、有道德、有文化、有纪律的社会主义接班人的目的出发，以全面培养受教育者高尚的道德情操、丰富的科学文化知识、良好的身体和心理素质、较强的实践能力以及健康的个性为宗旨，让学生学会做人、学会劳动、学会健体、学会审美，使学生在德、智、体、美、劳方面得到全面协调发展的教育方针和教育活动。它重视人的思想道德教育、能力培养、个性发展、身体健康和心理健康教育。素质教育以提高国民素质为根本宗旨，以培养学生的创新精神和实践能力为重点，把德育、智育、体育、美育、劳动教育有机地统一在教育活动的各个环节，培养和提高学生的自主意识，促进学生的全面发展和健康成长。

（二）素质教育理论与高校学生事务管理

我国高校学生事务管理在全面推动素质教育的进程中发挥了巨大作用。它对学生的思想道德素质教育、业务素质教育、身心素质教育和文化素质教育产生了重大影响，对增强学生的创新精神和实践能力具有不可估量的意义。高校和学生事务管理者应该以全面提高学生的基本素质为根本目的，尊重学生的主体性，以学生的性格为基础，注重开发学生的智慧潜能，健全学生的个性，使他们成长为有理想、有道德、有文化、有纪律的新生代。

三、和谐发展理论基础

（一）和谐发展理论的内涵

和谐发展是指人类在物种平等思想的指导下，自觉地汲取大自然的生存和发展智慧，使组成生态系统的各子系统之间以及各子系统内部、各子系统不同部分之间可以良性互动、协调共进，从而使生态系统不断优化，为未来进一步发展积蓄能量。它的构成要素是和谐与发展。和谐是指构成各子系统的诸要素自身的和谐、子系统内部要素之间的和谐以及各子系统之间的和谐。反过来，发展是指构成各子系统的诸要素自身的发展、子系统内部要素之间的发展以及各子系统之间的发展。和谐内涵的本质是共同发展，只有各子系统之间的关系和谐，才能实现共同发展。

（二）和谐发展理论与高校学生事务管理

和谐发展理论作为一种哲学理念和社会追求，对高校学生事务管理具有重要的现实指导意义。它要求学生事务管理者一方面要注意学生身心的和谐发展，帮助学生养成健全的人格；另一方面要注意学生自身与周围环境和社会的和谐发展，重视学生与社会之间的和谐互动，培养他们诚信、公正的道德理念，使其养成对自我行为负责的意识和能力。因此，高校学生事务管理应致力于实现学生的个人发展与社会发展的具体统一，促进社会和世界的和谐发展。

第二节 学生发展理论与学生事务管理

人的发展始终是哲学、教育学、心理学和社会学等学科共同关注的话题，教育作为实现人的发展的重要途径，其本质应是"使人成为人"。这个"人"的个体发展的理想境界便是马克思说的"人的全面而自由的发展"。学生的发展应该说是人的发展概念在高等教育中的具体应用，从这个意义上来说，学生发展理论的研究彰显着重要的价值。学生发展理论回答了这样一个基本问题，即教育应该"培养什么样的人"以及"如何培养人"的问题。

一、学生发展理论的主要内容

（一）心理发展理论

心理发展理论关注学生的心理和社会发展，重心在于研究"个体身份"在个人和社会之间的发展。该理论认为"发展"贯穿于人的生命全过程，人们能够解决不同阶段面临的问题，这些问题与年龄相关，并且是连续的。该理论以埃里克森的人格发展八阶段理论和罗杰斯提出的"以当事人为中心"的心理治疗理论为代表。

埃里克森将研究对象从成人扩大到青少年，主要关注人格是如何发展的，学生的生理发展与社会需要是如何互动的。埃里克森认为人格发展受社会文化背景的影响和制约，自我在人格中的作用是建立自我认同感和满足人控制外部环境的需要，个体发展的过程贯穿人生，这个过程具有阶段性。他在弗洛伊德心理发展阶段理论的基础上描述了人格发展的八个阶段：基本信任对基本不信任（婴儿期）、自主对羞愧和疑虑（儿童早期）、主动对内疚（学前期）、勤奋对自卑（学龄期）、同一性对同一性混乱（青少年期）、亲密对孤独（成年早期）、繁殖与停滞（成年晚期）和整合对失望（老年期）。他认为，生命历程的不同阶段具有不同的挑战，任何发展阶段处理不当都会危害个体的将来，学生事务管理的责任，是帮助学生成功地度过每个过渡性发展阶段。随着终身教育理念的不断深入和美国高校招生范围的不断扩大，非传统学生介入使得埃里克森的人格发展八阶段理论得到更为广泛的运用。

罗杰斯从学生在高等教育过程中经历的变化的角度界定了学生发展的概念，认为学生发展是学生进入高等教育机构的一种结果，表现为学生的成长、进步及其能力的提高过程。罗杰斯从心理发展的概念入手，概括了发展阶段的五个特点：发展是连续的，不是恒定的；发展是积累的、渐进的，不是简单分等级的；发展不是带有普遍性的，而是受到社会因素影响的；发展有实质性的区别；发展与要发展的内容密切相关。罗杰斯从人本主义心理学出发，提出"以当事人为中心"的咨询理论。罗杰斯认为每个人生来都具有自我实现的倾向，当人们由社会价值观念内化而成的价值观与原来的自我产生冲突时，便会引起焦虑，为了对付焦虑，人们不得不采取心理防御，这样就限制了个人对自己思想和情感的自由表达，削弱了自我实现的能力，从而使个人的心理发育处于不完善的状态。罗杰斯以"无条件积极评价"为原则，将"以当事人为中心"的咨询理论运用到学生事务管理中，使学生事务工作者在工作中可以保持中立的态度。

桑福德是该领域公认的开拓者之一，其研究在学生发展理论中具有里程碑式的作用。他在 20 世纪 60 年代初期提出的许多观点，迄今仍然具有指导意义。桑福德在 1962 年出版的《美国大学》一书中研究了大学生发展的一般机制，该书是有关学生发展理论最早的著作之一。他在书中提出分化和整合的概念，在他看来，个体的发展是高度分化与整合的过程。他提出了学生发展必须具备的三个条件：动力、挑战和支持。他认为学生发展是组织的复杂化，学生事务管理要关注个体成长的不同经历。总之，心理学研究提供的种种心理测量、心理咨询及心理治疗方法，在学生事务管理领域得到了广泛的运用，并成为进一步研究学生发展的出发点。

（二）认知结构理论

认知结构理论起源于皮亚杰的认知心理学，强调了遗传的重要性以及智力发展过程中环境的作用，试图解释在大学获得的经验对学生智力发展的影响。认知结构理论和社会心理理论一样，都认为发展是一个连续的过程，在过程中包含着最优化的选择。帮助学生事务管理人员树立认知发展观的最具代表性的学者有佩里和科尔伯格。

美国教育哲学家佩里分析了学生思维模式发展的典型过程，对大学生的智力发展进行了深入的研究。佩里将学生发展划分为四个阶段：二元论认知阶段、多样性认知阶段、相对主义认知阶段和相对责任阶段。该研究成果为学生事务人员解释学生智力发展变化的实际情况提供了参考框架。在佩里看来，学生的发展过程并非线性过程，他提出了认知发展过程中的三种偏离：拖延、逃避和倒退。拖延意味着运动延迟，认知发展暂停，但某些拖延现象可能是以后一定阶段成长或发展的需要；逃避的表现是冷淡和放弃责任。

美国学者科尔伯格在皮亚杰对儿童道德发展研究的基础上深入探索，提出了用来处理学生道德发展问题的另一种认知理论体系——道德发展理论。科尔伯格对 72 名年龄在 10~16 岁的男孩进行了研究，提出了以"正义"为核心的个体道德发展的"三个水平""六个阶段"，他认为学生道德发展更多依靠正义、平等原则或普遍的伦理规范，较少依赖个人兴趣。科尔伯格认为，学生道德发展的各阶段会形成一个不变的序列，发展不是跳跃式的，运动也总是向前发展而不是向后退的，但在极度的压力下，个人可能会暂时后退。科尔伯格的理论为小学、中学和大学的道德教育提供了指导。他的研究，使众多学者接受了道德发展阶段理论，这一理论在后来被广泛应用。

近年来，研究智力和道德发展的学者将目光集中到个体认知发展的细微差别上，他们在分别对男性和女性进行了深入研究之后，提出了不同性别的个体道德发展模式。

（三）类型理论

类型理论主要是描述和解释人格类型，以及不同的人为什么对同样的情景有不同的反应。类型理论是一种非价值判断的理论，它强调个体差异对团体是有益的和健康的，在特定情境中能发挥积极的作用。近代影响较大的人格分类有荣格的心理类型理论等。

荣格根据力比多的流向把人划分为外向型与内向型两类，认为外向型的人重视外在世界，活跃、自信、勇于进取，容易适应环境的变化；内向型的人重视主观世界，经常内省、沉默寡言、容易害羞，较难适应环境的变化。他把人的四种心理活动——感觉、思维、情感和直觉与上述两大态度类型两两配对，得出了人格的八大机能类型，即外倾思维型、内倾思维型、外倾情感型、内倾情感型、外倾感觉型、内倾感觉型、外倾直觉型、内倾直觉型。

人格类型理论可以用来解释人们在看待世界以及与世界发生联系方面所存在的差异。人格类型理论是分析人们应对生活需要时的一种方式。在面对相似的挑战和环境状况时，不同类型的人会做出不同的反应。对学生的人格类型进行深入分析，有利于帮助各种类型的大学生进行学习；有利于解决各种校园事件和冲突，化解矛盾；同时也有利于管理者在学生事务管理中更好地考查学生在观察和联系世界过程中的固有的个体差异，理解这些差异对学生其他方面发展的影响。

二、学生发展理论对我国学生事务管理的启示

（一）树立"以人为本，服务学生"的理念，促进学生的全面发展

所谓"以人为本"，就是要正视学生作为独立、自主的个体存在的现实，尊重学生的个体价值和尊严，尊重学生的权利，建立与完善人文关怀制度，张扬人性，保障人权；将"以我为中心"的学生事务管理转型为"以学生发展为中心"，关心学生，帮助学生，贴近学生，了解学生，以激发学生的积极性和创造性、提高管理工作效率和促进学生的全面发展为目的。在实践中，学生工作者必须从学生的需要、利益出发，自始至终贯彻"服务学生"的思想，从以"管理"为目的转变为以"服务"为宗旨，让学生参与民主管理，增强学生的主人翁意识；学生社团活动和各种学生事务服务项目都要有助于培养

学生对高校的认同感和归属感，要有利于学生的健康成长和多方面才能的发展，有利于提高学生的学术能力和水平。

（二）逐步转变过分注重思想政治教育的观念，树立培养"完整的人"的教育理念

从目前我国高等教育的发展状况以及未来的发展趋势来看，学生工作应由两个子系统构成，一个是思想政治教育子系统，包含学生思想教育、党团教育、道德教育、法治教育等；另一个是学生事务管理子系统，内容涉及学生的学习、生活、活动等各个方面，包括招生与学籍管理、日常行为管理、社团及课外活动管理、奖惩管理、资助管理、宿舍管理、心理咨询、学务指导、就业指导、各类信息服务等。高校思想政治教育属于思想政治教育学科的研究范畴，重点关注主流价值观、道德观、民族文化、多元文化等对大学生成长的影响及其传承和发展的规律。学生事务管理则属于高等教育学科的研究范畴，重点关注高等教育自身发展对学生成长的影响和学生事务管理专业化的规律。高校学生工作的范围应该扩大到高校所有可能影响学生发展的"非学术活动"上来。

（三）改变原来的刚性管理方式，实行"以人为中心"的柔性管理方式

长期以来，我国各高校一般会依据高校的实际情况制定校规校纪，对学生从入学至毕业的生活、学习进行详细规定，并将此作为奖惩学生的凭证。学生在这些规章制度面前一度是被"驯服"和"管教"的对象，一些规章制度的制定及实施过于刚性化，使学生对高校的认同感越来越低。因此，要让学生了解并参与学生管理规章制度的制定过程，并允许学生及时对已经实行的规章制度的效果进行有效反馈。同时，高校的学生工作者应更多地承担"导师"的角色，而不是单纯的"领导者"或"管理者"，应指导学生养成良好的学习习惯，掌握学习策略，提高其终身学习的能力；高校的学生工作者还应为学生排忧解难，提供各种便利和服务，教导学生养成高尚的品德、完善的人格，形成健康的心理，培养学生区分良莠的能力。

（四）加强学生管理队伍的专业化、职业化建设，全面提升学生管理人员的素质

目前，高校的学生工作队伍还很不稳定，专业化程度还不太高，很多学生工作者只是将从事这项工作作为一种经历，而并未把这项工作作为一种职业或事业，人员流动性

较大。高校的当务之急是加快学生工作队伍的专业化建设，引进更多具有教育学、心理学、社会学、管理学等背景知识的高层次人才，使其加入学生管理工作队伍。同时，高校要加大对现有的学生工作者的培训力度，使其转变观念、更新知识、提高技能，适应发展的需求；高校还应建立专门针对学生工作人员的考核晋升体系，调动他们的积极性，增强学生工作队伍的稳定性。

（五）不断创新科学、高效的学生工作组织结构

学生工作的组织结构直接影响到学生工作的效率和质量。科学、合理的学生工作组织结构，能使学生工作发挥出最大的效力，从而使学生在校期间得到充分、全面的发展。目前，我国高校学生工作管理体制一般是以学生工作处（部）或学生处为专门机构，协调校内多部门（如团委、保卫处、教务处、后勤部门等）来开展工作的。有学者认为，当前我国高校学生工作组织结构存在分工过细、多头指挥、各职能部门横向联系困难、人力资源浪费等突出问题，因此有必要对学生工作组织结构进行改革，以提高效率，改进学生事务管理的效果。当前工作的重点是要将由兼职部门分管的一些学生事务都划归学生工作系统，实现教育资源的全面整合及再配置。根据工作需要重新整合，形成功能专业化的新机构，建立多个中心和办公室，如招生注册中心、住宿生活指导中心、就业指导中心、心理咨询中心、健康服务中心、学生活动中心、勤工助学和困难生资助中心等。同时，高校还要建立以学生为参与主体的学生事务管理委员会，充分调动学生参与学生事务的积极性，增强学生的自主管理能力。

第三章 高校学生事务管理主体

第一节 高校学生事务管理主体的角色与定位

高校学生事务管理工作是一项复杂的、系统的工作，具有导向性、主体性和开放性特征。在高校学生事务管理的过程中，学生事务管理的主体扮演着非常重要的角色。如果学生事务管理的主体不能合理定位自身，明确自己的职责，就很容易造成管理混乱的现象。因此，对高校学生事务管理主体的定位进行研究是非常关键的。

一、高校学生事务管理者的职业理念

（一）贯彻"以人为本"的工作理念

贯彻"以人为本"的工作理念，就是要以学生的全面发展为工作的出发点和归宿点。高校学生事务管理者不仅要进行单纯的事务管理，还应秉承一种以人为本、以学生为本的理念，即一切为了学生，一切为了学生的全面发展。这就需要高校学生事务管理者更加关注学生个体的自主意识、平等意识、个体意识，尊重每个学生的个性，立足于学生的学习和发展，满足他们的个性化、多样化需求；鼓励学生发展独立的人格，增强对学生的人文关怀，为学生营造一种自由、宽松、健康、平等的学习氛围。同时，在管理中一定要注重民主性、平等性，让学生更多地参与自我教育、自我管理；在互动的过程中，建立起事务管理者和学生之间的信任感，促进学生全面发展。

（二）依照法律和规章制度开展工作

高校要按照《中华人民共和国教育法》《中华人民共和国高等教育法》《普通高等学校学生管理规定》以及高校层面的管理制度开展工作。高校学生事务管理者要熟悉、了解国家以及高校的各项规章制度，依据法律和各项规章制度开展工作，凡事做到有理、有节、有法，这是最基本的原则。例如，学生的日常管理由学生管理规范来约束，学生的注册、休学、转学、退学等都有一整套的操作流程。凡事在框架内运行不仅能保证各项事务的规范化，还能保证各项管理行为的公平、公正、公开，切实避免管理中的无序性和随意性。凡事按规章制度来处理，也能够最大限度地保护高校学生事务管理者的权利。

（三）让服务成为高校学生事务管理的核心理念

高校学生事务管理者要对自己的角色地位有一定的认识与调整，要从"管理者"的角色中跳出来，把自己当成"服务者"。高校学生事务管理者不能高高在上，应更多地体现对学生的服务。高校学生事务管理者要多在"服务"上下功夫，多在"服务"中求发展。同时，高校学生事务管理工作要在服务中创造价值、体现价值。

在当前的形势下，高校学生事务管理不能再是简单生硬的管理，而应积极转变为务实、贴心的服务，在服务中体现管理者的价值，在实实在在的服务中促进大学生的成长、成才，切实促进高校学生事务管理由管理向服务转型。

二、高校学生事务管理者的工作职责

高校学生事务管理者直接承担着学生事务的具体管理工作，在学生事务管理中扮演着重要的角色。高校学生事务管理者的主要工作职责包括以下两方面：

（一）提高大学生的思想政治素养

提高大学生的思想政治素养，培养大学生良好的思想品质，是高校学生事务管理者的首要工作。

1.以理想信念教育为核心，培养大学生正确的"三观"

理想信念教育并不是虚无的东西，要将其自然、巧妙地融入日常教育中，把党和人民的殷切希望转化为大学生的奋斗动力。要多形式、多渠道地开展理想信念教育，使大学生意识到在成长的过程中必须有理想信念的支撑，个人的命运只有和伟大的祖国相连才能书写出绚丽的诗篇。

因此，高校学生事务管理者应通过开展多种形式的日常教育活动，将理想信念深深地植根于大学生心中，让大学生成为社会主义的坚定拥护者、传播者。

2.以国民意识教育为重要内容，提高大学生的国民素质

国民意识教育就是要培养大学生的国民素质，让大学生成为既有科学知识又有社会责任感的新时代公民。高校对大学生开展必要的国民意识教育，一方面，要激发大学生参与国家政治生活、公共生活的热情，让他们明白积极参与公共事务既是大学生享有的权利，更是推动整个社会进步应尽的义务；另一方面，要将国民意识教育融入学生的日常管理中，如让学生参与高校管理，重视学生在高校管理中的主人翁地位，积极创造条件培养学生的自我管理能力，通过参与高校管理，可以培养学生的民主意识、权利意识和社会责任意识。

3.以爱国主义教育为重点，培养大学生深厚的爱国情感

高校应该利用当前中国经济建设取得的巨大成就，政治体制改革、法治社会建设的巨大进步，积极引导大学生增强民族自尊心、自信心、自豪感，激发他们的爱国热情，引导他们积极投身祖国建设的浪潮，感受国家发展带给每个人的荣耀；引导大学生积极投身到社会实践中去，为祖国的发展、壮大贡献自己的一份力量；引导大学生积极、主动地维护国家的主权和领土完整，自觉地批判违背国家发展的行为，培养大学生"天下兴亡，匹夫有责"的爱国情怀，使其积极投身于社会主义现代化建设。

（二）做好学生日常管理工作

学生的日常管理工作是高校学生事务管理的重要内容，做好这些日常事务，一是保证学生的安全稳定，二是营造良好的学习氛围，最终为学生的成长成才创造条件。做好学生日常管理工作需要从以下几个方面着手：

1.建立行之有效的学生管理制度，并坚决贯彻执行

所有的管理都必须有合理、科学的管理制度作为保障，需要注意的是，当前建立有效的管理制度应该淡化行政色彩，即建立更加人性化的管理制度，强调并尊重学生的个体意识。

在对学生的日常管理中，管理者应以平等交流的态度，尊重每个学生的个体差异、个体意识，以更加积极的姿态参与到学生管理中，与学生深入交心、谈心，真正谈到学生的心坎上，真正解决学生面临的实际问题、实际困难，让日常管理工作更有成效。

2.营造良好班风、学风

班风是班集体的精神、灵魂所在。好的班风是在全体成员的共同努力下形成的，具有凝聚人心的力量，能在潜移默化中对班级成员产生规范、激励的作用，是建设良好班集体的必备条件。

营造良好的班风、学风是高校学生事务管理者的重要职责，通过营造良好的班风、学风，能让班级成员在一个积极的氛围中共同努力、共同奋斗。

3.深入学生内部，及时发现问题学生、排除安全隐患

保证学生的安全稳定是学生事务管理工作的关键内容。因为学生的安全是第一位的，没有学生的安全，一切都没有意义。学生的安全稳定关系到整个高校工作的正常开展，要把学生的安全稳定放在一切工作之首，予以重点关注。要抱着对学生负责、对家长负责的态度，对得起家长和学生的信任与期待。在安全问题上，高校学生事务管理者应始终绷紧头脑里的弦，决不能麻痹大意、心存侥幸。

高校学生事务管理工作要求管理者经常深入学生、深入课堂、深入寝室，与学生多一些交流、多一些面对面的接触，只有这样，才能了解当前的大学生都在做什么、想什么、关心什么。只有近距离接触学生，才能深入了解大学生的学习、生活、思想状况，才有可能发现一些存在的问题。对工作中发现的一些问题、苗头，管理者要重点关注、及时追踪，建立问题台账，随时了解这些学生的思想动态，帮助其解决问题；对于一些普遍性的安全问题，管理者要集中力量、集中解决。总之，高校学生事务管理者的心中要随时绷紧安全这根弦，把学生的安全摆在首位。

4.注重培养学生干部，充分发挥学生干部的带头作用

学生事务管理工作千头万绪，管理者很难做到事无巨细、亲力亲为。在这种情况下，培养一批信得过、可靠的学生干部显得特别重要。学生干部也是学生，他们对同学的各种情况更为了解，也是各项规章制度的带头执行者。学生干部一般都是各方面的佼佼者，做好学生工作就要充分发挥学生干部的带头示范作用，充分发挥他们的管理能力、组织协调能力、突发事件快速反应能力，使其协助高校学生事务管理者解决一些实际的问题。

三、辅导员的微观角色定位

高校辅导员也在学生事务管理中扮演着重要的角色，这里主要对辅导员的微观角色定位进行论述。

辅导员的微观角色定位，即高校对辅导员工作任务和工作内容的具体要求。高校辅导员的工作任务和工作内容是一个完整的、有机的体系，它们相互衔接、相互补充、相互作用。高校辅导员只有认真履行自己的职责，全面地、完整地理解和实践自己的工作任务和工作内容，才能更好地发挥自己的服务和保障作用，促使学生全面成才和健康发展。具体而言，高校辅导员工作可以分为以下几项内容：

（一）教育

教育是高校辅导员工作最主要的任务，下面对教育的内容和形式进行阐述：

1.教育的内容

教育的基本内容包括党的路线、方针、政策，民主法制，世界观、人生观、价值观等理想信念，道德品格，校风、班风、学风，劳动、卫生、审美、心理健康等内容。教育的基本要求有两个：一个是观点要正确、科学，另一个是教育要有针对性。

2.教育的形式

教育的形式首先要做到多样性和趣味性并存，其次要注意教育活动的经常性和反复性。除了时事政策课程，党团活动、文体活动、第二课堂活动、创先进班级活动、社会调查活动等都是非常重要的教育形式。开展大学生实践活动要努力做到面向多数，做到兼顾群众性和广泛性；要努力做到多样性、趣味性和生动性相统一，做到时代性、动态性和目的性相统一；教育要与所学专业相结合，努力为学生成才和就业服务。

（二）管理

一名辅导员所面对的工作对象少则一百多人，多则几百人。要把学生管理好，就要在横向上建立一个完善的管理体系，在纵向上培养一支优秀的干部梯队。横向的管理系统包括各种档案的管理，包括学生党团档案，特困生档案，奖学金、荣誉称号统计表、就业情况等档案。对辅导员来说，纵向的干部梯队由年级组、党支部组成，而年级组下面又有班委会、团支部，党支部下面有党小组，有了这样的组织，年级工作、支部工作才可以有条不紊地开展，而这些都是辅导员一步步通过长时间的探索、实践实现的。具体来讲，辅导员的管理包括以下几个方面的内容：一是学风建设工作；二是学生基本资料管理工作；三是学生行为规范管理；四是学生工作日常管理；五是制订学生工作计划；六是完成领导和上级部门布置的其他工作。

（三）服务

"辅导咨询服务"的提法来自发达国家和地区的学生事务领域，主要是为学生提供学习、生活和职业生涯发展方面的辅导工作。具体而言，包括为生病的学生服务、为特困生服务、为高校的正常收费服务、为考研的学生服务以及为学生就业服务等。辅导咨询服务功能正在不断拓展，并逐渐成为辅导员的核心服务。

高校辅导员的工作任务和工作内容是动态的，不是一成不变的。高校辅导员要努力通过自己的工作，对大学生的思想发挥引导作用，对大学生的行为发挥规范作用，对大学生的学习发挥促进作用，对大学校园秩序的稳定发挥维护作用，对大学生的班团组织发挥领导作用。总之，辅导员的工作是全校学生工作甚至全部工作的基础。

（四）开发

学生个体之间能力的发展是极不平衡的，个体本身诸方面能力的发展也是不平衡的。辅导员应当讲究育人的艺术，开发学生的兴趣爱好，让每个学生都看到自己的长处，充分显示自己的优点，体验成功的欢乐。这里所指的开发有以下两层含义：首先，辅导员应挖掘学生的潜力，提高学生的能力；其次，辅导员应培养学生的兴趣、爱好。

（五）研究

随着社会的不断发展，辅导员所面临的问题日益复杂化、多样化。同时，辅导员在日常工作中会不断遇到新问题、新情况。因此，辅导员在开展学生工作的同时，要不断地进行思考、研究，探索解决新问题、新情况的方法。研究的主要内容有：一是研究学生的特点；二是研究学生工作的新思路、新方法；三是研究新形势下学生工作的开展。

（六）指导

高校辅导员工作的对象是大学生，而大学生正处于思想趋于成熟的时期，这就要求辅导员对大学生进行各方面的指导和帮助，包括思想、学习和生活等方面，以促使大学生的健康成长。这主要包括如下方面：一是指导并考核学生干部的工作；二是及时了解学生的意见和建议，组织协调学生干部开展工作；三是指导学生参加就业；四是指导新生适应大学生活；五是指导学生做好大学生活规划；六是指导学生成为一名身心健康的大学生。

第二节 高校学生事务管理主体的岗位职责、能力结构与专业要求

一、高校学生事务管理主体的岗位职责

从纵向上看，高校学生事务管理者可分为高层管理者（校领导）、中层管理者（学生处、团委以及相关职能部门的主要负责人）和基层管理者（如辅导员、相关科室人员）。

（一）高层学生事务管理者的职责

高层学生事务管理者通常由高校党委指派一位校领导（通常是校党委副书记或行政副校长）担任。高校党委是学生事务管理的领导者和决策者，依据国家相关方针、政策，制订总体规划和实施计划，适时调研学生的思想政治状况，把握学生事务管理的现状，及时调整工作策略，以适应不断变化的时代要求。

同时，高校设立党委直接领导下的学生工作领导小组。由分管校领导牵头，成员包括学生工作处（学生处）、校团委、党委宣传部、教务处、保卫处、后勤处以及院系党委书记等单位和部门的负责人。学生工作领导小组的主要职责包括三个方面：第一，结合高校学生事务管理的实际，指导并参与学生工作的总体规划、年度计划，制定相关考评制度，建立长效运行机制；第二，督查高校各单位和部门按计划完成工作的进度，建立公开、公正的信息反馈机制；第三，及时收集各单位和各部门遇到的困难，依托高校各方资源协调解决，推动学生事务管理的民主化、科学化进程。

（二）中层学生事务管理者的职责

中层学生事务管理者，通常是指学生工作处、团委、教务处、后勤处等单位和职能部门的主要负责人。学生工作处以职能为载体，因为校情各不相同，我国高校学生工作处承担的职能往往不同，素有"大学工"与"小学工"之分。所谓"大学工"，就是广义上的学生工作，包括招生、就业、评奖评优、助学贷款、勤工助学、宿舍管理等。

某大学以"大德育观"为理念，构建"大学工"体系，其学生工作处的主要职责包括以下方面：

①贯彻执行党的教育方针和高校党委、行政的决定，负责制订、落实学生工作计划和管理规章制度，全面组织并实施学生思想政治教育和事务管理工作。

②负责开展政治教育、道德教育、心理健康教育、人文素质教育、通识教育等教育活动。

③负责全校学生的日常管理和行为规范教育，并处理学生违纪、违法事件，做好对犯错学生的教育转化工作。

④负责全校专职学生干部队伍的选拔、培养和管理，以及对兼职学生思想政治工作人员的指导，组织开展德育科学研究工作。

⑤负责高校"奖、贷、助、补、减"学生资助体系的建立和相关制度的健全与完善；评比、表彰各类先进集体和优秀个人，组织评审、发放各类学生奖学金，组织实施国家助学贷款；负责社会助学、减免学费、临时性困难补助的审批与发放，组织学生勤工助学活动。

⑥负责全校学生思想政治理论课的教学与学科建设工作，以及对学生开展学习、就业、法律及身心健康等咨询活动。

⑦负责网络思想政治教育及学生工作办公自动化和信息化建设；采集和分析学生的发展信息，组织实施学生的思想政治教育和学生的发展教育工作。

⑧根据国家政策制定高校就业管理规定，负责全校普通学生的就业指导、推荐服务、毕业派遣以及校园招聘、就业市场拓展等工作。

⑨根据国家相关规定负责全校普通学生、第二学士学位毕业生、网络教育学生的学籍资格审核和学历学位的管理工作（包括新生学籍资格审核注册和毕业生学历学位网上认证工作），与教务处、网络学院共同做好各类学生的学籍异动和学历学位证书的审核发放工作。

⑩做好学院的日常教育管理工作，开展文明校园创建活动。

⑪协助高校党委组织部做好学生党员、入党积极分子和各类学生骨干的教育、培养工作，以及学生党支部、基层班级的建设工作和优良学风创建工作。

⑫完成高校党委和行政部门交给的其他各项工作。

可以看出，该校学生工作处的职能涉及学生工作的各个方面，其下设的各科室分工明确，在高校相关职能部门的配合下，具体落实相关工作。

（三）基层学生事务管理者的职责

基层学生事务管理者通常是指职能部门和单位的相关科室工作人员以及院（系）的专、兼职辅导员等。相关科室工作人员要在分管领导的指导下，结合本部门的实际，制订总体工作规划、年度工作计划。

综合事务办公室是内部管理、信息管理和综合事务的归口管理部门。招生注册办公室是高校招生领导小组的日常办事机构，是本科招生、学籍管理和新生入学报到事务的归口管理部门。大学生就业中心是全日制普通本科毕业生就业指导、就业市场拓展和毕业生事务的归口管理部门。高校学生事务管理与服务中心是学生行为规范、突发事件、安全事务、学生生活园区、学生活动场所等事务的归口管理部门。

二、高校学生事务管理主体的能力结构

随着现代社会的不断发展，社会生活中的一些不确定因素逐渐增多，由简单原因引起复杂结果的事件随时都可能发生。面对复杂局面和突发事件，高校学生事务管理者要做到思维敏捷、判断准确、决策及时、行为果断。结合高校学生事务管理的工作实践，笔者认为学生事务管理者需要具备以下五个方面的能力：

（一）感召力

从学生事务管理的视角来看，感召力是指管理者借助个人高尚的道德品质、较高的知识素养、坚强的意志品质等，用自己的人格魅力来吸引学生，成为深受大学生欢迎的良师益友的能力。要让这种无形的力量渗透到学生的学习、生活等方面，潜移默化地影响学生，引导学生不断地完善自我。

（二）影响力

从学生事务管理的视角来看，影响力是指管理者通过个人的行为示范来影响学生的能力。学生事务管理者要能在公开的场合，准确地表达自己的观点，善于做演讲和宣传，促使学生有意识地培养自己的语言表达能力；要能在各种文艺表演中，娴熟自如地展示自己的才艺，引导学生努力拓展自己的文艺素质，促进学生的全面发展。诸如此类，学生事务管理者通过自己的言行，利用不同的契机来影响学生，引导学生全面发展，促进学生成长成才。

（三）前瞻力

从学生事务管理的视角来看，前瞻力包含两个方面：一方面，对国家政策和形势有全面把握，并能结合工作实际及时做出工作规划和调整，以顺应国家的需要，适应社会的要求；另一方面，对学生容易出现的问题有预防方案。目前，我国正处于社会转型时期，社会对人才的需求在不断变化，这要求学生事务管理者不断更新教育理念，改革教育方式，制定科学合理的培养方案，培养适应社会需要的人才。

（四）控制力

从学生事务管理的视角来看，控制力是指管理者能够把握工作的节奏，顺利推进工作的进度，以实现预定目标的能力。学生事务管理者应从现实出发，透过当前大学生中存在的各种现象，探索高校思想政治教育的规律和方法，预测思想政治教育的发展趋势，对原有的决策、方案和意见及时进行修改和补充，因势利导，从而掌握工作的主动权，把工作向前推进。

（五）决断力

从学生事务管理的视角来看，决断力是指管理者遇到突发事件时能够果断处理、随机应变的能力。学生事务管理者应密切关注影响学生思想和行为的直接或间接因素，准确把握学生思想和行为变化的临界值，提高对思想行为可变因素的敏感度。一旦发生重大灾害性事故、治安案件等，学生事务管理者要能做到处变不惊、沉着应对、果断处置，及时稳定学生的情绪，防止事态扩大。

三、高校学生事务管理主体的专业要求

（一）知识结构

学生事务管理以服务为载体，在学生的生活世界中实现教育功能。当今的年轻人，思维活跃、思想开放、价值多元，要想在生活中赢得他们的尊重和信任，就要求学生事务管理者具备敏锐的思维和多元的知识结构，在工作实践中逐步构建合理的知识结构，能够根据不断变化的现实环境迅速寻找到合适的方法，达到预期的教育目的。

学生事务管理者应具备合理的知识结构，应将马克思主义关于人的本质及全面发展的理论等核心理论作为基础知识。同时，还应将思想政治教育学、政治学、心理学、社会学等本体学科知识，以及哲学、历史学、文学、自然科学及其他社会科学的相关学科知识作为外围知识层次。另外，在工作实践中，还应掌握包括演讲、写作、社会调查等在内的操作性知识。

核心知识层次起着基础性、主导性作用，决定着思想教育的战略方向，反映着思想教育的实质。核心知识层次一旦构建并运作起来，就会产生诸多的功能与效应，对学生汲取知识、增长智慧、涌现创造性灵感、形成核心特长和能力，乃至提高综合素质都具有积极意义。外围知识层次将众多紧密相关的学科知识作为知识核心的辅助、支撑和互补成分，凭借核心知识层次的辐射效应，组成完善的知识结构。外围知识层次既是核心知识层次不断拓展、辐射的重要土壤，也是确保整个知识结构充满活力的重要条件。

（二）心理素质

一般来讲，心理素质是以人的自我意识发展为核心，由积极的、与社会发展相统一的价值观所导向的，由认知能力、需要、兴趣、动机、情感、意志、性格等非智力因素有机结合的复杂整体。心理素质的发展是人的整体素质提高的基础和核心。当前，高校学生事务管理者要想做好管理工作，就要具备较高的心理素质。结合工作的实际要求，学生事务管理者的心理素质主要包括以下三个方面的内容：

1.高尚的道德品质

学生事务管理者与学生接触最多，通过为学生提供指导和服务来达到育人的目的。学生事务管理者高尚的道德品质，在教育过程中能够形成潜移默化的力量，从而陶冶学生的情操，影响和感染学生。

2.良好的认知能力

目前，心理学家更倾向于用认知来描述个体在认识方面的能力。认知既包含了一种动态的加工过程（认识），又包含了一种静态的内容结构（知识）。良好的认知能力应是敏锐的观察力、丰富的想象力、牢固的记忆力和良好的思维能力的综合。其中，学生事务管理者的观察力应具有客观性、全面性和敏锐性。客观性是管理者获得各种信息的基础；全面性意在确保信息的完整性、判断的周全性；敏锐性是管理者及时捕捉学生学习、生活中的各种信息和及时决策的重要条件。良好的想象力和思维品质是培养创造力的基础，也是推断和解决问题的基础。总之，良好的认知能力是学生事务管理者应该具备的基本素质，关系到为学生服务的绩效。

3.稳定和积极的情绪情感

学生事务管理的工作对象是学生，这就决定了对情绪情感的把握是管理者工作中的必需环节。这里所指的情绪情感包括两个方面：第一，学生事务管理者对学生的情绪情感。热爱学生是学生事务管理者教育学生的基础和起点，是做好学生工作的前提。只有热爱学生，才能对学生怀有深厚的感情。管理者要深入了解学生，细致分析学生的种种思想、行为、表现，发现他们身上的优点和不足，然后有针对性地开展教育和服务，对他们的进步与成绩进行强化，以增强他们的自豪感和自信心。第二，学生事务管理者自身的情绪情感。大学生正处于情感丰富但情绪不稳定的心理发展阶段。学生事务管理者每天要和许多大学生接触，在管理和教育活动中可能会出现偶发事件，只有善于控制自己的情绪情感，才能妥善处理偶发事件。同时，管理者只有善于控制自己的情绪情感，才能在工作中保持良好的心境和积极的心态。

当然，学生事务管理者的心理素质还应该包括不屈不挠、不断进取的意志品质和宽容大度、谦虚谨慎的性格等。这些都是学生事务管理者应该具备的良好素质，关系到为学生服务的绩效。

第四章 高校学生事务管理运行机制

第一节 高校学生事务管理的内部运行机制

一、基于促进学生成长发展的高校学生事务管理

人才培养工作是高校教育工作的重中之重。人才培养的质量直接关系到高校的办学水平，影响着大学生的发展与成长，因此，高校学生事务管理者必须关注大学生的发展需求，促进大学生健康成长成才。在具体实施过程中，高校学生事务管理者应从以下三个方面着手：第一，高校。高校学生事务管理者应明确大学生的发展需求，完善相关的教学设施和学生管理制度，为学生提供良好的学习环境和生活环境。第二，教师。高校学生事务管理者应重视教师在高校教育工作中的重要作用，加强与教师之间的沟通，为教师提供良好的教学环境和科研环境，充分调动教师的工作积极性，为学生提供优质的教学服务。第三，社会力量。例如社会企业参与人才培养，在校企合作中，高校学生事务管理者应了解企业对人才的需求，针对企业所需要的人才类型来调整人才培养目标，为学生提供恰当的实习平台和途径，以便于学生积累足够的实践经验。

（一）大学生成长成才相关概念的内涵

1.人才

过去，人们一般认为，人才指的是在某些方面有一定才能的人。在社会文明的不断进步下，人才的定义开始更加多元化。目前所说的人才往往指的是具备一定的专业知识或专业技能，并且能够运用这些专业知识或技能为社会创造价值的人。同时，还可以根

据不同的专业知识和能力来区分不同类型的人才。例如：专注于学术研究，具有一定理论研究成果的人才被称为"学术型人才"；专注于工程理论和技术研究，具有较强实践能力的人才被称为"工程型人才"；掌握一定的技术手段并能够创造经济效益的人才被称为"技术型人才"；掌握一定的操作技能并能够运用于社会实践之中的人才被称为"技能型人才"。从严格意义上来说，除了知识水平、技能水平外，价值观念、精神品质、理想信念也是评判人才的重要标准。换言之，一个优秀的人才不仅具备了一定的知识和技能，还具备了高尚的品德、吃苦耐劳的精神、积极向上的生活态度，因此能够直面生活中的考验，坚定前进的方向，最终取得成功。

对于人而言，知识与能力都非常重要。知识能够为人们提供智力支持，使人理智、客观地看待周边的事物；能力则可以让人们灵活解决问题和困难。但是在知识与能力的具体应用过程中，人们对于能力的重视程度要高于知识。例如，在面试过程中，面试官会优先考虑有技能证书、有丰富实践经验的人才，而不是空有高学历的人，因为有能力、有丰富实践经验的人能够在最短的时间内为公司创造价值，极大地减少了学习时间和学习成本。在过去，人们通常是以学历为主要标准来选拔人才，而用这种方法选拔的人大多是一些空有高学历却无法适应公司发展的人，因此以学历为主要标准并不利于选拔人才。现在，从社会的需求来看，能力已经成为各行各业选拔人才的主要标准之一，有能力的人就是公司所需的人才。简单来说，人们可以利用自身的能力和资源优势为公司创造出一定的价值和收益，并能使公司保持持续的发展。

2.大学生成才

大学阶段是人们学习知识与技能、促进自身成长发育的重要时期。这在客观上要求大学生不仅仅要学习理论知识、提高自身的思想道德水平和树立正确的价值观念，还要积极开展社会实践，提高自身解决实际问题的能力。因此，在大学生成才过程中，各学科的教师应当以马克思关于人的全面发展的理论为指导开展教学活动，结合多方面的知识理论来丰富和拓展学生的知识结构，提高学生的综合应用能力和文化认知水平。同时，高校还要与各社会组织或企业单位保持良好的合作关系，为教师和学生提供一定的实践途径，让他们能够有平台、有机会来积累自身的实践经验。近年来，我国对于大学生成才的重视程度越来越高，并明确要求高等院校强化人才培养目标与经济社会发展需求的适应度，将大学生培养为具有较高思想道德水平、丰富文化知识和掌握一定专业技能的人才，从而更好地适应当前社会对人才的需求，进一步推动社会发展与进步。

3.大学生成长成才的影响要素

关于大学生成长成才的影响要素，各专家学者都有各自的界定。比如，有的专家认为影响大学生成长的主要因素是遗传，有的学者认为后天教育和环境具有至关重要的作用，还有的学者认为学生自我教育的影响较大。综合上述学者的观点来看，影响大学生成长成才的要素主要有以下四种：第一，遗传。父母的基因对孩子有着重要的影响。第二，环境。影响大学生的环境因素除了高校环境外，还有从小到大的家庭环境，以及每个人都无法脱离的社会环境，且在学生的不同成长阶段，环境对学生成长的影响都会不同。第三，教育。教育主要包括家庭教育、高校教育及社会教育，这些对大学生的成长有着重要作用。第四，自我教育。自我教育是引导学生制定自我目标，并通过自身行动实现自我目标的教育方式，对于大学生的成长成才有着较为深远的影响。

（二）基于促进学生成长发展的高校学生事务管理的运行机制

1.树立整体性的人才观

从总体上看，大学生的成才过程包含多个方面的内容，因此高校学生事务管理者应树立整体性的人才观，从宏观视角来看待大学生的成长成才，帮助大学生一步一步成长和发展，使其成为社会所需要的人才。在高校学生事务管理过程中，管理者应当对大学生进行严格要求，不仅要提高大学生的文化知识水平和思想道德水平，而且要提高其社会实践能力，使其在实践过程中不断积累社会经验，以便于更好地适应社会发展。

在经济全球化的趋势之下，各国之间的交流日益频繁，使得我国对于国际化人才的需求也逐渐加大，这要求各高等院校承担起培养国际化人才的重任。在具体实施过程中，高校学生事务管理者应积极借鉴国外高校的学生事务管理经验，在学习生活中培养大学生的国际思维，同时制定出符合我国国情的国际化人才培养方案，并严格按照要求实施。

2.服务于学生发展核心素养的形成

学生发展核心要素的养成就是指学生精神品质和能力的养成，这对于学生自身的长远发展有着重要意义。近些年，我国相关研究者对不同学段的学生进行了深入研究，其中包括学生的成长规律、发展要求及社会对于人才需求的研究，形成了以学生为中心的素养发展体系。在新课程改革的过程中，高校管理者可以通过以下五个方面的统筹工作来促进学生核心素养的形成：第一，统筹各学段的教育目标，加强各学段之间的联系；第二，统筹各学科的知识内容，强化各学科之间的联系；第三，统筹各个教学评价环节，避免出现"唯分数论";第四,统筹各教育资源,提高整体的教育水平;第五,统筹各育人阵地,加强彼此间的联系。在高等院校,学生事务管理者应将工作重心放在提高大学生的文化知识水平与思想道德水平、培养大学生的动手实践能力与创新发展能力、塑造大学生的吃苦耐劳精神与敬业奉献精神上来。

3.构建"以学生发展为本"的高校学生事务管理体系

构建"以学生发展为本"的高校学生事务管理体系,最重要的就是要以学生为主体,以促进学生的长远发展为目标,将大学生培养成为高素质的人才。为了更好地开展高校学生事务管理工作,构建"以学生发展为本"的高校学生事务管理体系,高校学生事务管理者应做到以下几点:第一,保障学生的切身利益。这就要求高校学生事务管理者不断完善高校的基本办学条件,加强校园文化风气的营造,为高校学生构建一个良好的学习环境。第二,重视学生的自我教育和自我发展,并建立相应的发展机制。这就要求高校学生事务管理者为学生提供正确的引导,激发学生的内在学习动力,积极主动地完善自身的不足,实现人的全面发展,例如在引导学生参加社会实践活动时,就要引导学生在服务社会的过程中逐渐积累实践经验。第三,建立并完善学生事务管理体制。这就要求高校学生事务管理者畅通意见反馈渠道,以便于集中学生的反馈意见,从而及时、有效地进行处理,同时也有助于发现学生事务管理工作中的不足,从而提高高校学生事务管理者的管理能力。

二、基于增强社会服务能力的高校学生事务管理

(一)增强社会服务能力是高校管理工作的重要内容

高等院校的职责不仅仅是培育高素质人才、传播科学文化知识,还包括将知识转化为具体的科研成果,服务于社会进步,促进经济发展。因此,高等院校不能关起门来办学,必须"开门办教育",特别是要加强与社会的联系,为社会发展贡献力量。

为了更好地增强高等院校的社会服务能力,高校学生事务管理者应该做好以下几点工作:第一,加强与社会组织、企业之间的联系,鼓励社会人员进入高校再学习、再深造,加强技能操作能力。第二,在人才培养过程中增强其目标性和指向性。一般认为,高等院校能够为社会提供大量的高素质人才,从而为社会提供优质服务。但是,目前一些高等院校仍没有认清现实,没有主动对接社会需要,开办了不少不符合社会需求甚至

已经被社会淘汰的专业，这意味着很大一部分大学生毕业等同于"失业"。因此，高校要增强人才培养工作的指向性，从而为社会培养能够适应当前时代发展的人才。第三，有针对性地开展科学研究工作。这就要求高校学生事务管理者明确社会发展过程中所缺失的内容，从而有针对性地开展科研工作，解决社会中最实际的问题，提高高等院校的社会服务能力。第四，要目光长远，增强高等院校的创新能力。这要求高校学生事务管理者具备较强的创新思维，以独特的视角来审视当前所处的时代，从而形成全新的科研目标，集中精力办大事，将科研成果转化为具有社会效益的实际产业。第五，优化高等院校的服务机制。这要求高校学生事务管理者优化高校的服务水平考核机制、激励奖励机制、人才资源分配机制，以便于更好地引导高等院校教师为社会提供服务。

（二）开展社会服务是对高校学生事务管理的新挑战

在高等院校增强社会服务能力的过程中，教师、学生与社会之间的联系会逐渐变得密切，因此也会对高校学生事务管理工作产生一定的影响。从目前来看，高等院校增强社会服务能力对高校学生事务管理工作的影响具体表现为以下三点：第一，高校学生事务管理的具体工作内容得到了扩充。大学生在初次步入社会时，必然会碰到一些无法解决的问题。因此，高校学生事务管理者除了做好本职工作外，还要针对大学生在社会服务工作中遇到的困难提出相应的解决方案，以便于大学生更好地适应社会。第二，拓展了高校学生事务管理工作的范围。过去，高校学生事务管理工作的范围主要是在校内，而现在已经扩展到了校外，并成为重要的组成部分。其三，提高了对高校学生事务管理者的要求。社会服务工作的内容较为复杂，客观上要求高校学生事务管理者了解更多的专业知识，从而为大学生提供专业的指导。

（三）加强以提高社会服务能力为目标的高校学生事务管理体系建设

1.变革制度

随着高等院校社会服务能力的不断增强，客观上要求高校学生事务管理工作做出相应的改变。这些变化主要体现在以下三个方面：第一，建立服务社会的导向机制。在高等院校服务社会的过程中，教师会引导学生参与社会服务，一方面有助于加深学生对专业知识的理解，另一方面能够提高学生的社会服务意识。第二，完善相应的评价机制。在参与社会服务的过程中，学生的表现情况和实践成果会对自身的学业水平考核产生一定的影响。第三，建立社会服务的管理机制。在参与社会服务的过程中，高校学生事务管理者会对大学生出现的问题进行整理，并针对这些问题制定相应的解决方案，提高大学生的社会服务水平。

2.创新手段

随着高校社会服务能力的不断增强，高校学生事务管理工作的内容也会逐渐丰富。这就要求高校学生事务管理者创新管理方法，以便于更好地开展学生事务管理工作。在具体实施过程中，高校学生事务管理者要抢占先机，借助微信、微博、抖音等平台来发布信息，用学生乐于接受的方式来建立双向信息沟通交流的渠道，从而帮助大学生解决问题。

三、基于提高教育治理能力的高校学生事务管理

（一）治理、教育治理和大学治理

1.治理

在当今时代，治理是一种全新的管理方式，是指为了协调相互冲突或不同的利益并且采取联合行动的过程。治理是一个互动的过程，其对于社会管理的影响是显著的，例如治理可以将公私对立转变为公私合作，可以将控制转变为协商，可以将命令转变为谈判。治理的主体并不是单一的个体，而是由多个对象共同组成的多元主体，每个对象都能够平等地参与到治理中，分享自身的观点，进行相应的互动。因此，治理能够有效地避免单一主体主导下所产生的错误，充分考虑多元主体的观点，从而得到彼此都能够接受的结果。

2.教育治理

教育治理，即一项针对教育的治理工作。与过去政府主导的教育相比，当前所采用的教育治理模式更具多元化特征，由多个主体共同参与，通过协商来决定教育的发展方向，充分体现了教育的民主性。从长远发展的角度来看，教育治理的参与主体越多，越能够保证教育成果。

3.大学治理

大学治理指各个大学之间形成联盟关系，共同参与大学管理工作，从而提高大学办学水平的过程。目前，我国的高等教育发展速度较快，各高校的办学水平也在不断提高，

在客观上要求高校学生事务管理者必须提高大学内部的治理水平，以便于更好地适应社会发展的要求。在具体实施过程中，高校学生事务管理者始终要坚持党的领导，坚持党委领导下的校长负责制，积极推动各利益主体共同参与决策，充分发挥各个利益主体的作用，对大学治理过程中的各个阶段进行研究，以科学、民主的方式选出最佳实施方案，并付诸实施。民主性是大学治理的主要特征，这要求各利益主体必须坚持民主决策，共同提高大学的办学水平。

（二）基于治理的高校学生事务管理的基本特点

大学治理工作是由多元化的利益主体共同参与和治理，以及协调行动的过程。其中的多元利益主体主要包括政府、企业、教师等，这些多元利益主体在大学的发展过程中有着重要的作用，同时对高校学生事务管理工作的开展也有一定的影响。在当前的高校学生事务管理工作中，高校学生事务管理者需要面对不同学生的发展需求及不同办学主体的要求，这极大地影响了高校学生事务管理者的工作效率，并进一步影响了高校的办学水平。在此背景下，高校应当积极推动基于治理的高校学生事务管理新机制的建立，以便于更好地适应学生成长成才的需要。在具体实施过程中，高校学生事务管理者必须明确大学治理的内涵，坚持多元主体共同参与学生事务管理，在治理过程中协调各方意见，科学、规范地实施管理手段；与此同时，还要始终以学生为主体，为学生的学习、生活做好服务工作，帮助学生形成正确的价值观，最终促进学生成长为高素质人才。

1.尊重学生的主体性

在开展高校学生事务管理工作的过程中，高校学生事务管理者应强调学生的主体性，积极为学生提供相关的服务，为学生提供正确的引导，同时纠正学生的不良行为。高校学生事务管理者应当引导学生明确自身的发展方向和自身需求，运用科学、规范的方式来激发学生的学习动力，从而真正推动学生成长成才。在具体实施过程中，高校学生事务管理者可以通过问卷调查、举办交流会、实地调查等方式来了解学生的需求，使学生明确自身的主体地位，从而积极主动地提出自身的意见。当学生主动参与学生事务管理工作时，高校学生事务管理者要制定具有针对性的人才培养方案，从而促进学生成长成才。

2.重视协商沟通机制

在传统的高校学生事务管理工作中，高校学生事务管理者的主要任务是发号施令和督促学生完成一系列目标任务，这使得学生的个性特征和主观意识被磨灭，导致学生自身的发展需求无法得到满足。而在基于治理的高校学生事务管理工作中，高校学生事务管理者主要是通过协商、引导的方式来解决学生的问题，使学生能够主动参与到事务管理工作之中，极大地满足了学生自身的发展需要。另外，大学生在面对一些问题时容易陷入迷茫，如果采取强硬的手段来命令学生，容易引发学生的逆反心理，从而对大学生的成长成才产生不良影响。因此，高校学生事务管理者应当采取协商、引导的方式来开导学生，明确学生在发展过程中存在的问题，并针对这些问题做出相应的解答，与学生随时保持交流，才能得到学生的认可和信任，进一步满足学生的发展需要。

3.重视平等互助的新型师生关系

在传统的高校学生事务管理工作中，高校学生事务管理者与大学生的关系表现为"上"对"下"的关系，即高校学生事务管理者是主导者，而学生是被动者。教师与学生这种不对等的关系，使得双方缺乏一定的交流与互动，导致双方关系疏远，学生即便有问题也不会向教师求助，从而导致学生自身的发展需求无法得到满足。而在基于治理的高校学生事务管理工作中，高校学生事务管理者与大学生的关系为亦师亦友的平等关系，即高校学生事务管理者能够以"知心朋友"的身份与学生互动，而学生也能够及时向高校学生事务管理者反馈自身的问题，二者处于和谐的氛围之中。长此以往，高校学生事务管理者能够充分了解学生的发展需求，进而尽可能地满足学生的发展需求；而学生也能够保持愉悦、轻松的心情，促进自身健康成长成才。

4.树立以法治观念为核心的大学生事务治理观念

法治观念即人们对法律的认知，如法律的性质、法律的地位、法律的作用等。在法治观念的影响下，人们能够自觉地运用法律手段来解决学习与生活中的问题，形成相应的法治思维。对于高校学生事务管理者而言，他们需要将法律意识贯穿学生事务管理活动的始终，包括用法治观念去看待问题和解决问题，以此来帮助学生不断成长。在具体实施过程中，高校学生事务管理者应做好以下四点工作：第一，履行教师的责任与义务，这要求高校学生事务管理者以严谨、认真的态度面对每一位学生，以科学、规范的方式来处理学生的问题；第二，合理、合法地制定学生教育管理制度，这要求在高校学生事务管理过程中，管理者必须以学生为核心，充分尊重学生的主体地位，使学生的各项基本权益得到保障，同时满足学生在发展过程中的合理需求，帮助学生成长成才；第三，坚持依法依规办事，这要求高校学生事务管理者严格按照程序处理学生问题，不偏袒任何学生，也不贬低任何学生，并向全体师生公开处理结果；第四，依法处理与学生相关的纠纷，这要求高校学生事务管理者公正地处理问题。当学生无法按时完成相关工作或与他人发生纠纷时，高校学生事务管理者应严格按照相关要求来处理问题，保证双方都能够认可处理结果；此外，还要给予学生法律援助，帮助学生维护自己的合法权益。

（三）基于治理的高校学生事务管理的运行机制

1.提高高校学生事务管理主体的治理意识

在基于治理的高校学生事务管理中，高校学生事务管理者与学生共同参与事务管理工作，因此务必要从两个主体角度着手，即管理者和学生。首先，对于高校学生事务管理者而言，他们必须转变自身的观念，从管理学生转变为主动帮助学生，主动地去了解学生的实际需求，并根据学生的实际情况制定相应的培养方案；其次，对于大学生而言，他们不仅要转变自身对教师的看法，积极参与高校学生事务管理工作，还要运用合理的方式保障自身的权益。另外，高校也要开展相关的引导工作，加强高校学生事务管理者与学生之间的联系，推动形成多元主体共同治理的局面。久而久之，高校、学生事务管理者和学生都能够在高校学生事务管理中充分发挥自身的作用，从而形成新的协商治理机制。

2.建立开放的高校学生事务管理评价制度

一般认为，高校学生事务管理评价的作用在于明确当前工作中的不足之处，调整工作内容，以便于更好地促进学生成长发展。在基于治理的高校学生事务管理中，对学生的评价应包括多个方面，如学生的思想道德水平、学业水平、身体素质水平、社会能力等，这样做有助于高校学生事务管理者从多个方面着手制定人才培养方案，为不同学生提供不同的选择。与此同时，高校学生事务管理评价应由多个评价主体共同参与，在多个评价主体的协商下制定具体的评价标准，以此保证评价结果的客观性与公正性。例如，在校企合作中，高校学生事务管理者与企业管理人员共同进行评价，充分发挥不同评价主体的作用，明确当前人才培养方案的不足之处，从而制定更加完善的人才培养方案。另外，高校学生事务管理工作受高校治理结构和高校整体治理能力的影响较大。因此，高校学生事务管理者必须不断完善高校治理结构，提高高校整体治理能力，从而推动高校学生事务管理工作的开展，进一步促进大学生成长成才。

3.管理模式契约化

对于高等院校而言，开展高校学生事务管理工作的主要目的在于教育学生、引导学生和为学生提供服务，而思想政治教育工作也具有同样的作用，这客观上要求高等院校构建新的学生事务管理模式，使学生能够明确高校学生事务管理工作和思想政治工作之间的区别。目前，"契约化"的大学生管理模式逐渐受到各高等院校的重视。这种管理模式不仅能够保障学生的正当权益，还能够加强学生与高校学生事务管理者之间的联系，减少教学和管理过程中出现的问题。"契约化"的大学生管理模式主要通过"契约"的方式来明确高等院校与大学生的权利与义务。这有助于高校学生事务管理者明确自身的工作内容，从而有针对性地开展工作。当高等院校与大学生之间形成"契约"时，学生和高校学生事务管理者就必须按照约定内容来履行各自的义务，直至完成"契约"中所规定的各项内容，否则将会面临"违约"的风险，并承担"违约"的后果。

在"契约化"的大学生管理模式中，"契约"内容是由学生与高校学生事务管理者共同制定的，因此能够保证学生与高校学生事务管理者共同参与，促使学生与高校学生事务管理者积极主动地践行"契约内容"，二者相互影响、相互督促。久而久之，学生与高校学生事务管理者之间的交流日益密切，最终以合作的方式共同完成"契约"内容。

四、基于运用信息技术的高校学生事务管理

随着信息技术的不断更新换代，人与人之间的信息交流越来越便利，这对于高校学生事务管理来说是一个良好契机。在高校学生事务管理工作中，高校学生事务管理者能够通过 QQ、微信等平台同时与多名学生进行交流，了解不同学生的发展需求，从而在较短的时间内解决多名学生的问题。但是，并不是每一名学生的问题都能够通过线上的沟通交流来解决。针对这一情况，高等院校应当运用计算机技术，将与教学、生活服务、科研等相关的信息资源上传至云端，并通过集成任务来完善高校学生事务管理工作的内容，为高校学生事务管理者和学生提供便利，以便于更有效、及时地满足学生的发展需求。

集成任务主要包括三个部分，分别是信息集成、职能和部门集成、任务集成。其中，信息集成指的是将各种信息资源集中在一起，以便于人们一次性获取所需的信息资源，从而提高工作效率；职能和部门集成指的是将职能相近的部门集中在一起，以便于人们

能够通过一个部门完成多项工作任务；任务集成指的是将内容相近的活动集中在一起。在高校学生事务管理中，集成任务有助于提高高校学生事务管理者的工作效率和学生的学习效率。

在建立管理协同信息系统的过程中，高等院校可以通过信息技术手段来建立学术资源共享平台，以便于共享优秀科研成果，推动教师开展科研活动；还可以利用信息技术手段来构建专门的平台，实现信息共享，加强校内各部门之间的联系，简化相关的审批流程，使高校学生事务管理者能够花费更少的时间来解决学生的问题，为学生提供更优质的服务。学生事务管理协同信息系统融合了高校的多方资源，例如教学、科研、管理等数据和功能较为完善的信息平台，同时面向教师和学生开放，可以同时满足教师和学生的不同需求。在使用该系统之前，学生与教师必须先进行身份认证，然后系统根据用户的需求跳转到相应的界面，从而为用户提供相应的服务，这简化了传统的审批程序，极大地提高了学生的学习效率和教师的工作效率。应当明确的是，一个数据丰富、功能完善的信息平台并不是简单地运用信息技术就能够完成的，它需要高校学生事务管理者注入自身的管理理念，将现代教育治理经验与传统教育经验相结合，并在发展过程中不断完善。

五、基于推进"一站式"平台建设的高校学生事务管理

近年来，信息化平台建设对于高校学生事务管理的重要性越来越显著，它不仅能够提高教师的工作效率，还能够满足学生的发展需求。目前，常见的高校学生事务管理平台主要有两种，分别是以高校内部人员、辅导员为主的大学生事务中心和以学生为主的大学生事务中心。其中，以高校内部人员、辅导员为主的大学生事务中心的作用在于简化审批事项和处理流程，为学生提供"一站式"服务，从而达到提高工作效率和及时解决学生实际问题的目的。在我国，一些高校的大学生事务中心除了解决学生教育问题和管理问题外，还能为学生提供就业指导和后勤保障，针对不同学生制定不同的培养方案，从而促进学生成长成才。还有一些高校与时俱进，运用信息技术手段建立了线上的学生事务管理平台，通过线上的方式来完成相应的工作，并且保证了线上办公的质量，给学生带来了较好的体验。

以学生为主的大学生事务中心的作用在于发挥学生的主导作用，通过对学生进行教

育培训，提高学生的专业技能水平，从而为其他学生提供服务。这种大学生事务中心不仅能够充分发挥学生的主观能动性，还能够缓解高等院校的师资压力，使教师能够更加专注地进行科研工作。与此同时，学生与学生之间的交流较为顺畅，学生可以通过了解其他学生来解决自身发展方面的问题，促进双方共同成长。

随着我国高等教育的不断发展，学生对于高校学生事务管理的要求也越来越高，因此建立一个集教育阵地、咨询窗口、办事平台于一身的大学生事务中心是十分必要的。这要求大学生事务中心应继续坚持学生的主体地位，为学生的学习和生活做好相应的服务工作，最大限度地满足学生的合理要求，保障学生应当享有的权益，让学生得到全面发展。以我国部分高校为例，一些高校设置了专门的服务窗口，便于学生给出一定的建议或信息反馈，高校也能第一时间了解到学生的真实想法，然后根据其中具有代表性的建议来改善大学生事务中心的服务，同时不断拓展大学生事务中心的服务项目，尽可能地满足学生的发展需求，帮助大学生解决大部分问题，为学生提供"一站式"服务。

我国一些地方政府高度重视学生事务中心的建设，明确要求高等院校做好学生服务工作，不断丰富学生服务工作的内容，不断满足学生的发展需求，从而促进学生成长成才。对于高等院校而言，学生是大学生事务中心的服务主体，解决学生的问题、保障学生的正当权益是做好学生服务工作的重中之重，必须严格按照"一切为了学生、为了学生的一切、为了一切学生"的要求来建设大学生事务中心。

目前，社会对于高素质人才的需求越来越强烈，这迫切要求高等院校加快推进人才培育工作，做好学生事务管理工作。在此背景下，高校学生事务管理者应认真对待每一位学生的发展需求，加强与学生之间的联系，制定个性化的人才培育方案，与学生共同建立一个"一站式"服务的大学生事务中心。在具体实施过程中，高校学生事务管理者应坚持以下五项原则：第一，便利化原则。高校学生事务管理者应明确大学生事务中心的主要功能在于简化学生办理事务的程序，为学生提供便利的服务。第二，实效性原则。高校学生事务管理者应明确建立大学生事务中心的目的在于集中各个部门的职能，帮助学生一次性办理完事务。第三，规范性原则。高校学生事务管理者应保证大学生事务中心的办事标准，严格按照规范要求来办理学生事务。第四，多样化原则。高校学生事务管理者应明确每位学生的接受能力有所不同，有的学生热衷于到大学生事务中心办理事务，而有的学生则热衷于线上办理事务，因此应同时建立线上、线下学生事务中心，以满足不同学生的不同需求。第五，可持续原则。高校学生事务管理者应明确大学生事务中心的服务对象是全体学生，建立受众广、服务全面的大学生事务中心。

在建立大学生事务中心的过程中，高校学生事务管理者要整理出针对学生的服务内容以及管理者所负责的具体服务事项，例如调整一些不符合当前发展要求的事项，简化较为烦琐的事项，同时将一些学生关注度较高的事项列为重点事项，以便于为学生提供便利、高效的服务。为了保证大学生事务中心的服务水平，管理者还要完善相应的管理制度，同时对学生的服务工作进行严格的监督。学生如果对服务工作不满意，可以及时向大学生事务中心反馈，管理者应及时调整服务内容，以便于后续为学生提供更加优质的服务。与此同时，管理者还要定期对从事学生事务管理工作的人员进行培训，建立完善的奖惩制度、考核机制和评价机制，逐步提高工作人员的服务水平，为学生制定相应的人才培养方案，尽可能地满足学生的发展需求，从而促进大学生成长成才。

第二节 高校学生事务管理的政策法规保障

一、高校学生事务管理政策法规保障的建设现状

在中国特色社会主义道路建设中，法治观念逐渐深入人心，人们对于高等院校依法治校、依法管理的关注度越来越高，一些典型案例成为推进教育法治改革的重大事件，推动着高等教育领域立法工作的进程。而对于高等院校而言，要推进依法治校、依法管理，就必须推进高校学生事务管理的法治化。

二、高校学生事务管理政策法规保障的基本要求

一般认为，高校学生事务管理政策法规保障的基本要求主要包括以下三点：第一，高校学生事务管理者要建立完善的政策法规体系。除了国家层面的法律规范和教育主管部门的规章之外，还要对高校的一些管理行为进行立法授权，以便于保障教师和学生的正当权益，如近年来教育主管部门要求各类高等院校必须建立起完备的办学章程。第二，

高校学生事务管理政策法规保障应涵盖高校学生事务管理的具体内容，对大学生可能遇到的情况进行预判，在面对突发情况时能够及时做出反应，充分体现学生的主体地位。第三，建立完善的高校学生事务管理监督体系。在开展高校学生事务管理工作的过程中，高校学生事务管理者和学生的行为都应当受到监督，这样做不仅有助于保障教师和学生的基本权益，还有助于及时纠正一些不当行为，以便于更好地依法治校。对于高校学生事务管理者而言，合理的监督有助于更好地为学生提供服务，约束自身的行为；对于学生而言，合理的监督有助于保障自身的合法权益，从而更加积极主动地参与到高校学生事务管理工作之中，促进自身健康成长。

三、推进高校学生事务管理法治化建设

对于高等院校而言，推进高校学生事务管理法治化建设对于推进依法治校、依法管理具有重要意义。在具体实施过程中，首先，高校学生事务管理者必须加大对高校学生事务管理工作的重视，并将依法治校、依法管理作为大学思政教育中的重要内容，再结合法治教育，全面提升人才素质。其次，教育立法有助于推进高校学生事务管理法治化建设。教育立法不仅要在教育基本法的基础上进行完善，还要加强教育行政立法，从而以法律强制手段来推进高校学生事务管理法治化建设；除此之外，还应通过制定相关法律来明确高校学生事务管理者与学生之间的关系，以便于更好地保障教师与学生的正当权益。

在推进高校学生事务管理法治化建设的过程中，高校学生事务管理者应当加强与高校章程等相关的制度体系建设，通过内部规范化建设来探索高校学生事务管理的法治化建设，从而积累一定的法治建设经验。以高校学生事务管理的程序化建设为例，高校学生事务管理者应严格按照法律要求来制定校规，保障大学生依法参与高校学生事务管理的权利；高校学生事务管理者应以严谨、科学的态度来制定相关程序，如大学生参与高校学生事务管理工作的程序、大学生反馈意见和提出建议的程序等，避免在管理细节方面出现问题。当大学生与高校学生事务管理者存在意见冲突时，应当加强双方之间的沟通交流，以协商的方式形成令双方满意的结果，而不是由高校学生事务管理者单方面决定。另外，在推进高校学生事务管理法治化建设的过程中，不能忽视管理层的法治化建设。大多数情况下，高校学生事务管理者法治意识的强弱会直接影响下级部门的具体实

施工作，因此必须加强高校学生事务管理者的法治意识，培养高校学生事务管理者的法治思维，以法律手段处理学生事务，从而起到良好的示范作用。

第三节 高校学生事务管理队伍建设路径

学生事务管理的实践经验进一步验证了：建设一支强有力的学生事务管理队伍，是做好高校学生事务管理工作的重要前提和有力保障。在新的形势下，我国高校学生事务管理也正在从传统意义上的"管"和"教"向"以人为本""服务学生"的新理念转变，这些都对高校学生事务管理队伍建设提出了更高、更严的要求。

高校学生事务管理者处于学生事务管理工作的最前沿，使命光荣、重任在肩。随着社会的发展与进步，学生事务管理理念在不断升级，管理内容在不断更新，管理范畴在不断扩大。因此，加强高校学生事务管理队伍建设，既是高校坚持党的领导的必然要求，也是高校落实立德树人根本任务的迫切需要，更是一件刻不容缓的大事。

一、进一步提高岗位准入要求

目前，高校辅导员的实际准入条件相对宽泛，一般仅作学历要求，即将硕士研究生以上学历作为选聘要求，对应聘者的专业背景、学习经历、性格特征等方面均无进一步的要求，没有结合学生事务管理的基本特点，从"专业的事交给专业的人"的角度去选聘合适的人选从事辅导员工作。首先，高校层面要对辅导员选聘工作有科学的规划，要针对所在院校的办学历史、学科专业、生源特点等，对辅导员引进计划有一个科学的设计，把应聘者有与辅导员工作对口的专业学科背景作为从事辅导员岗位的重要前提加以考量。其次，具有综合性的选聘标准是辅导员选聘的重要依据。高校要结合选聘标准的基本要求，将政治素质过硬、职业素养良好、工作责任心强、创新能力突出等作为评价标准，切实将优秀的专业人才纳入辅导员队伍之中。最后，要把握好选聘的梯度和性别比例。一方面，在年龄结构上，高校不要盲目追求一次性补充到位，要有一定的梯度比例，使得辅导员队伍能够良性发展；另一方面，高校要充分考虑辅导员的性别比例，处理好所在院校的性别特征和学生专业特征的关系，使得辅导员配备更加合理。

二、进一步注重专业化教育和培训

学生事务管理本身就是一种动态变化的工作事项，需要辅导员不断通过教育培训提高管理能力和水平。《关于进一步加强和改进大学生思想政治教育的意见》中鼓励辅导员成为学生"思想政治教育方面的专家"。因此，高校应该加大辅导员的教育和培训力度，结合现有实际，可以从以下三个方面进行强化：一是将辅导员教育培训纳入高校师资培训规划，或制订专门的辅导员培训计划，在经费、场地等方面予以充分保障。二是鼓励辅导员提高学历水平，攻读更高一级学位，以提高其自身的专业学术能力。三是创新教育培训模式，一方面，加强校本培训的实践性，利用校内资源，针对学生事务管理的实际开展有针对性的培训或专题教育；另一方面，引入社会培训机构，组织辅导员参与思想政治教育及学生事务管理的专业技能培训和理论素质提升活动。除此之外，还建议依托思想政治教育学科，在现有的高等师范院校开设辅导员专业，以适应大学思想政治教育的实际需求。

三、进一步创新管理方式

辅导员群体不是由一个个完全相同的个体组成的，辅导员群体中的个体在个人能力、专业背景、个性特征等方面都有不同程度的差异。要实现辅导员队伍的职业化、专业化，高校就必须对辅导员进行分类管理。高校要根据学生事务管理的特点，设置相应类型的岗位，充分发挥每一名辅导员的专业特长，使辅导员能在学生事务管理的某一领域成为行家。按照专业事项划分，辅导员可以在创新创业、科技转化、学科竞赛、社会实践等方面对学生进行专项指导；按照工作性质划分，辅导员可以在心理问题干预、思想政治教育、突发事件处置、资助帮扶等方面给予学生实际的帮助；按照生涯发展预期划分，辅导员可以在行政管理、学生事务、专职教师等方面形成各自的专长优势。高校辅导员要结合这些类别特点，制定各自的职业生涯规划，在实际工作中找准自己的发展方向，在学生事务管理中实现自身的价值。

四、进一步明确职业方向

辅导员从事的学生事务管理工作是一项特定的职业。对于辅导员而言，面对日益复杂多变的学生事务管理工作，把握职业方向，找准职业定位，设立正确的职业目标，是可持续开展学生事务管理工作的必然要求。职业方向虽有共性，但也会因人而异。

辅导员岗位一般有以下四种职业发展路径：一是将辅导员转为行政管理人员，这是辅导员的重要"出路"之一。特别是近年来，高校逐步压缩行政管理人员的编制，辅导员成为校内职能部门补充人员的重要来源也在一定程度上造成了辅导员队伍的不稳定性和流动性。二是辅导员成为专任教师，这条路径难度较大，一方面需要辅导员继续提高和精进自己的专业，另一方面还要符合所在高校相关学科专业发展的需要。三是辅导员从事职业化辅导员，这是目前各个高校学生事务管理工作中倡导的，让有志从事学生事务管理工作的辅导员将辅导员作为终身职业发展路径，但是在实际实施过程中还有不少的难度，主要有如何解决辅导员终身制中的待遇、职级等问题。四是辅导员成为专家型辅导员，这是从事学生事务管理者的终极目标追求，一般需要有较长时间的辅导员工作经历，且在某一项专业领域具有丰富的经验和较强的能力，能够解决学生事务管理工作中的重难点问题。

五、进一步优化评价体系

客观公正地评价学生事务管理工作，是提升辅导员队伍整体素质、促进学生事务管理创新的重要手段。因此，建立一套科学、可操作的评价体系尤为重要。从评价指标来看，评价体系既要有定量的数据支撑，又要有定性的结论评价。在定量上主要反映工作业绩，如从入党率、毕业率、英语等级考试通过率、考研率、就业率、及格率、违纪率等方面进行定量评价；在定性上主要针对辅导员工作的满意度，通过对学生、家长、同行的不同类别评价，呈现学生事务管理工作的真实情况。从评价过程来看，评价体系应直接、客观地反映辅导员从事学生事务管理工作的真实状态，尽可能地避免掺入主观感情色彩，防止因个人喜恶、人际关系等给评定结果造成影响。从评价结果的运用来看，评价体系应当充分应用评价结果，让评价结果与辅导员的工资薪金待遇、职务职称等挂钩，对于优秀的辅导员，应给予物质和精神鼓励；对于评价不合格的辅导员，应及时调整岗位，将其调离辅导员队伍。同时，高校层面要通过评价实现对学生事务管理工作的整体把握，从而不断改进和完善学生事务管理工作。

因此，结合新形势下我国高等教育体制机制的改革，对学生事务管理队伍进行专业化、职业化建设显得尤为必要和紧迫，这是我国高校内涵式发展的必然要求和社会环境变革带来的现实要求，这就要求辅导员工作必须树立以人为本的服务理念。这里的理念是把"管理"变成"服务"，突出以人才培养为中心、全面提高教育质量的内涵发展导向。辅导员要遵循学生的成长发展规律，始终坚持以学生为本，从学生的内在需要出发，教育、尊重、关心每一位学生，引导他们把个人的成才目标与国家的命运、社会的需要和高校的教育目标有机结合起来，最大限度地激发学生的内在动力，把学生事务管理工作实实在在地放到"育人为本"这个价值目标上。

第五章 高校学生事务管理内容

第一节 高校德育管理

高校德育管理的具体实施直接关系到德育资源的配置和使用，决定了高校德育管理的实效性。只有明确高校德育管理的概念和内容才能保证高校德育管理目标的实现。

一、高校德育管理的概念

所谓高校德育管理，是指高校或高等教育行政部门根据高校德育的性质和任务，在遵循德育客观规律的前提条件下，通过行使决策、计划、组织、控制等管理职能，协调高校德育活动中的各种关系，有效组织、调动和利用高校内外各种德育资源和相关要素，优化高校德育环境，实现德育目标的过程。

从高校德育管理的概念可知，高校德育管理和高校德育的区别是明显的，主要表现在以下三个方面：第一，德育管理的对象是影响德育效果的德育资源和一切相关因素，而德育的对象是学生的思想和行为；第二，德育管理是一种提高德育实效性的特殊管理活动，而德育是把一些具体的德育信息传递给学生，目的是引起学生思想和观念的转变；第三，德育管理是一个实现德育目标的过程，而德育是社会与教育者、教育者与受教育者之间的一种教育活动。

二、高校德育管理的内容

高校德育管理的内容是一个体系，包含许多方面，本节依据管理学的基本理论，结合目前高校德育工作的实际情况，对高校德育目标管理、高校德育过程管理、高校德育队伍管理这几方面的内容进行阐述。

（一）高校德育目标管理

高校德育目标是指高校德育在一定的阶段和环境中培养学生政治、思想、道德品质等应达到的规格要求。

高校德育目标管理的实施分四个部分：

一是确定德育工作目标。德育工作目标的确定是一个复杂的过程，它包括确定德育目标和德育要素改善目标两部分，而且必须遵循目标的统一性、系统性、预见性、科学性和时限性这五个方面的基本原则。

二是展开德育工作目标。这个步骤就是将高校德育工作目标从上到下、层层分解落实，包括分解目标、提出目标对策、协商目标、明确目标责任、绘制目标展开图五方面内容。

三是实施德育工作目标。德育工作目标的实施过程就是指高校德育系统上下都要按照既定目标的要求，同心协力，分工协作，共同努力实现高校德育目标的过程。德育工作目标的实施在目标管理中占有非常重要的地位。

四是德育工作目标成果评估。在确定目标、展开目标以及实施目标的基础上，应该对这个过程的成果做出正确的评估，以总结阶段目标管理取得的成效、出现的问题，并为以后的工作做好准备。

（二）高校德育过程管理

高校德育过程就是把一定社会的思想观念、价值观点、道德规范转化为受教育者个体的道德品质的过程。

德育过程是教育者和受教育者共同参与、相互作用的一种有目的、有计划的活动过程。高校德育过程管理就是监督德育过程、保证德育计划可以与具体的德育活动相适应的管理活动。

高校德育过程管理的目的是使德育活动严格遵守德育过程的环节，具体可从控制德育活动的四个环节展开：

一是建立正确的德育过程管理标准。这个标准是德育过程管理顺利开展的前提，是评估德育工作的尺度。

二是促进德育过程要素的有机互动与有效配置。在德育过程中，实现各种资源和各要素之间的有机互动与有效配置是德育过程管理的根本目的。

三是检查德育实际偏差信息。德育实际情况或结果会和预定标准之间产生偏差，了解和掌握这些偏差信息，是德育过程管理的重要环节。

四是实施改正措施，纠正德育实际偏差。在分析并掌握德育实际偏差后，要采取一系列科学、有效的措施来消除偏差，以保障德育工作的顺利进行。

（三）高校德育队伍管理

高校德育队伍就是高校德育工作的组织者和实施者。高校德育队伍包括辅导员、思想政治理论课教师、其他专业课教师等。高校德育工作者的自身素质直接决定着高校德育工作的效果。高校德育队伍管理就是按照一定的思想和路线，通过科学实施人力资源管理，组织和建设高校德育队伍，最大限度地调动和发挥高校德育工作者的工作热情和创造性，全面且高效地实现德育目标的过程。

高校德育队伍管理主要包括以下几个方面：

一是选拔高素质、高质量的德育工作者。在为德育队伍选拔人才的时候，一定要以高标准选留德育工作人员，把政治素质硬、专业水平高、综合能力强、热爱德育工作的人才选拔到德育工作人员的队伍中来。

二是明确德育工作者的职责。德育工作者的岗位不同，工作职责也不同。加强德育队伍的管理，首先要明确德育工作者的职责，这是德育队伍管理的重要环节。

三是对德育队伍的培养。面对新形势、新环境，高校德育工作也需要不断发展，建设一支德才兼备、高效精干的德育队伍，需要对德育工作者进行适时的教育和培养，并使德育工作管理制度化。

四是完善德育工作者的激励机制。只有合理地组织德育工作者进行德育活动，不断协调德育工作者之间的关系，科学管理德育工作者的绩效，为德育工作者提供展现自我和发展的空间，才能从根本上提高德育工作者的工作效率，既快又好地实现德育目标。

五是加强对德育队伍的评估。评估是德育队伍管理的基本环节，高校要建立健全德育工作者的考核制度，加强德育工作的日常管理。

三、高校德育理论基础

高校德育理论基础是杜威的实用主义道德教育理论。杜威是西方道德教育领域最有影响力的教育家之一。以杜威为代表的实用主义道德教育理论，把道德教育作为研究人的科学。他认为，人的研究首先或最终必须归于人或人的本性，人的行为首先受制于人的本性发展，人的行为必须从人的本性与外部环境的相互作用中求得解释，因此道德教育是"依据人的本性的科学"。杜威认为，人的本性的确有某些难以改变的倾向，主要是人的本能。但本能不是人性的全部，从根本上说人的本性总是在与外部环境的相互作用的过程中不断改变着。正是这种改变，才使道德和教育成为可能。

道德的发展是以理智的发展为前提的，但知识含量只体现个体素质的内涵，人的道德却体现个人发展的方向。一个掌握先进技术和科学知识而在道德和人格上存在缺陷的人，往往会给社会带来危害。杜威认为，道德教育应当是在活动中培养道德品质，在做中学，他主张在活动中养成道德品质，而道德表现在人的某个行为特征中。只有在活动中，人们才能够既掌握道德知识，又养成道德品质。

（一）在参与社会生活的活动中形成道德判断力

杜威认为，一切能发展有效地参与社会生活的能力的教育，都是道德的教育。因为只要高校与社会脱离，高校里学到的知识就不能运用于生活，因此也无益于品德的形成。

杜威认为，传统教育的失败在于忽视了学校是社会生活的一种形式的基本事实，只是把学校作为教师传授知识、学生学习知识和培养某些固定习惯的场所。实际上，这些东西并不能成为学生生活经验的一部分，并未真正体现教育的作用。他认为，正如社会提供了道德发展的"实验室"一样，学校同样应该作为学生道德发展的"实验室"，为学生提供指导，如同成人在他所在的更广泛的社会生活中一样，在学校中，学生应有同样正当的行为动机，有同样的道德行为的判断标准。正是从这一思想出发，杜威反对学校为使学生习惯于某种行为模式而采取惩罚等手段。在他看来，道德教育不能让学生对惩罚产生恐惧，也不能企图通过直接的奖励来使学生遵循道德原则。允许学生犯错误并鼓励他们在发展中不断修正自己的判断，才是最恰当的教育方法。

杜威还认为，让学生参与社会生活的方式之一是把学校变成一种典型的社会生活场所。学校在这方面的道德责任就是要设计适合学生的各种活动，使学生在集体生活中受到刺激和训练。

（二）课程和教材的道德教育作用

杜威指出，道德教育的目的是各科教学共同的和首要的目的，所以知道如何把道德教育的社会标准融入高校所使用的教材，是十分重要的。

通过各科教学进行道德教育，在杜威看来，有两方面的含义：

一方面，教材必须联系社会生活。杜威建议，应当把学校开设的学科作为理解社会情况的手段，把熟悉过去作为鉴别现在生活的有效力量或作为应付未来的有效工具。因此，高校的各门学科只有按照对社会生活方式的了解去教的时候，才具有积极的意义。

另一方面，教学必须以心理变化为依据。杜威认为，对于学生来说，学习永远不是从外面灌进去的；学习是主动的，它包含着心理的积极发展，包含从心理内部开始的有机的同化作用，没有任何一门学科本身自然而然地具有固定的教育价值。因此如果不顾及学习者的发展阶段，就无法实现教育目的。在杜威看来，把一套固定的行为规则或道德习惯强加给学生，或者把已组织好的知识一股脑地灌输给学生，都是忽视学生个人的特殊能力和要求的做法，忘记了知识是人在特定时间和地点获得的。因此，通过课程和教材进行道德教育最有效的方法是使教材"心理学化"，从而便于学生吸收，并将其转化为自己的行动指南。

（三）以解决问题促进道德成长

杜威认为，理想的道德训练方式乃是"民主"的方法，即"科学的方法"，也就是运用智慧进行"探究"的方法。人在适应环境的过程中，会遇到包括道德问题在内的各种疑难问题。人与环境的作用就在于努力寻找解决问题的途径与方法。所有这些都不是通过强制灌输实现的，而是需要借助创造性的智慧，对道德问题进行积极的探究。在道德训练的过程中，教师通过提供现实生活中的"道德两难"问题来供学生思考和讨论。教师的任务是激发学生的反省思维和好奇心，目的是让学生学会"如何决定做什么"。杜威也指出，这种方法虽然可以培养学生"民主"和"合作"的态度，提高学生的判断力，但这种方法必须使用得当。杜威反对一般学校道德理论的口头说教。实际上，只有在活动中，学生才能既掌握道德知识又养成道德品质。

四、高校德育工作的重要意义

（一）德育工作有助于应对国际、国内环境变化带来的挑战

当前，世界多极化和经济全球化在曲折中发展，科技进步日新月异，综合国力竞争日趋激烈，各种思想文化相互碰撞。改革开放以来，随着我国社会主义市场经济体制的确立和完善，我国社会的经济成分、组织形式、就业方式、利益关系和分配方式日益多样化，人们思想活动的独立性、选择性、多变性、差异性明显增强，人们的收入差距有所拉大，政治、文化、权利意识在提高，思想观念呈现出多样化趋势。随着我国教育事业的发展，高等教育进入了大众化阶段，学生缴费上学、自主择业，新一代大学生所处的社会背景、家庭环境都发生了很大变化。

这一切都给高等学校的德育工作带来了严峻的挑战。在深刻变化的国际、国内形势面前，只有以马克思列宁主义、毛泽东思想、邓小平理论、"三个代表"重要思想、科学发展观、习近平新时代中国特色社会主义思想为指导，坚定不移地把德育工作放在高校工作的首位，培育有理想、有道德、有文化、有纪律的合格大学生，才能真正贯彻党的教育方针，巩固党的执政地位，确保国家的长治久安。

（二）德育工作事关国家稳定和社会主义现代化建设大局

德育工作事关培养什么样的人才，高校如果不加强德育工作，坚持马克思主义在意识形态方面的主导地位，引导大学生坚定共产主义信念，树立正确的世界观、人生观、价值观，就可能会产生全社会思想混乱的后果，严重影响国家稳定和社会主义现代化建设。

（三）德育工作是学生成人、成才的重要保证

没有坚定、正确的政治方向，人就会偏离方向，甚至走上与社会对立、危害自己和国家的道路；没有健康的心理，人就会意志消沉、情绪低落、思想混乱；没有良好的道德修养，人就不能正确指导自己的行为，不能处理好各种复杂的人际关系，不能与社会建立和谐关系，就会将自己孤立起来，得不到他人的尊重与关爱。总之，德育工作是学生成人、成才的重要保证，德育工作对人生成长过程的有益辅导，有利于学生健康成长，做对社会有益的事，从而实现人生价值。

第二节 高校学生学习管理

进入大学后，大学生的生活变得丰富起来，但学习还是其最重要的任务。因此，高校学生学习管理也是高校学生事务管理的重要内容。对高校学生进行学习管理主要是为了帮助大学生培养积极的学习态度，掌握科学的学习方法，养成良好的学习习惯。

一、高校学生学习的实质

"学习"一词，在我国古代原是两个词，即"学"和"习"。孔子曰："学而时习之。"许慎认为，"学，觉悟也"，"习，数飞也"。用现在的话说，"学"就是使人获得知识，有所启示，提高认识；"习"就像鸟儿来回飞翔一样，反复运用知识，形成技能技巧。"学"和"习"后来逐渐结合，成为今天的"学习"一词，其含义包括"博学、审问、慎思、明辨、笃行"五个环节，这是人类认知活动的一个相对独立的过程。

从最广泛的现代意义上理解，学习是指人在生活过程中获得个体经验以及行为变化的过程。从这个意义上讲，活到老学到老是学习的第一个层次，即指一般人的学习。学习的第二个层次专指学生的学习，包括小学、中学和大学这三个阶段的学习，这是在特定条件下进行的一种有计划、有目的、有组织的认知活动。大学生学习是第二个层次第三个阶段的学习，是大学生活最主要的内容。学习是大学生获取专业知识和技能、提高综合素质和能力的过程，是大学生获得学习成果和学习效益的途径。大学生学习的过程，就是从未知向已知、从知之不多向知之较多、从不确切的"知"向较确切的"知"的转变过程。

另外，高校学生学习活动是一个极其错综复杂的过程，大体可概括为三个基本阶段、七个基本环节。三个基本阶段是基础学习阶段，偏重基本理论、基本知识和基本技能的学习；专业学习阶段，主要是学习专业理论、专业知识和专业技能；技能训练阶段，侧重于实习、实践及所学理论知识与技能的综合运用。七个基本环节是课前预习、课堂听课、课后复习、练习巩固、课外学习、实践训练和毕业设计。

总之，高校学生学习活动既是一个有机的系统和整体，又是一个不断进化与提高的过程，一般都必须经历三个基本阶段和七个基本环节，无论缺少了哪一阶段、哪一环节，都会破坏学习的周期规律，直接影响学习的效果。

二、高校学生学习行为的特点

高校学生的学习行为具有以下三个突出特点：

（一）专业性与广泛性并存

由于高等教育在培养目标、教学内容、课程设置上具有明确的专业划分，因而大学生的学习活动一般都围绕某一类专门性学科、依据专业的培养目标展开，其学习行为的专业性特征非常明显。不过，大学课程体系中也包含外语、思想政治等公共课程。同时，随着大学生学习活动空间的改变，他们还会根据自身的兴趣爱好自主学习各种理论知识和技能。所以从整体来看，大学生的学习行为既具有专业性，又具有广泛性。

（二）自主性与依赖性并存

当前，高等教育实行学分制和弹性学制，因而大学生的学习行为具有鲜明的自主性特征。他们可以在完成规定课程学习的基础上自由选课，有较多的业余时间对学习目标和内容进行规划和设计，并有目的地开展学习活动。但是，由于受到自身素质、知识结构、学习能力等方面的限制，大学生在学习上存在一定的依赖性，需要教师的指导。因此，自主性与依赖性并存就成了大学生学习行为的一个重要特点。

（三）阶段性与整体性并存

大学生在大学学习的不同阶段，其学习目标和学习重点也往往各不相同。例如，大学生在大学一年级时的学习处于过渡期，还处于中学和大学之间的转型阶段，其学习行为多侧重于对专业基础知识和公共基础知识的学习。大学二年级时，大学生已经开始侧重于对各种专业理论和基本技能的学习，这一阶段的学习行为往往呈现出一定的稳定性。到了大学三年级，大学生的学习目标日益明确，学习内容逐渐向纵深发展。围绕各自的学习目标，学生的学习行为差别趋于明显。进入大学四年级，大学生开始面对择业问题并即将走向社会，学习行为更具有实用化、实践化的倾向，如进行专业实习、毕业设计、参加就业技能培训等。虽然在不同的阶段，大学生的学习行为有不同的特点，但从整体上看，大学生的学习目标相对确定、所学专业的学习内容相对稳定，学习行为始终围绕学习目标和学习内容。所以，大学生的学习行为既具有阶段性，又具有整体性。

三、高校学生学习管理的原则

对大学生的学习实行科学管理，必须依据大学教学过程的规律、大学生身心发展的特点，依据社会发展对专门人才的客观要求，制定管理原则和管理方法。大学生在思想上有较强的独立性，倾向于独立观察、分析和思考，自我实现和创造的欲望比较强烈，社会阅历不深，思想单纯，渴望参加社会实践活动。同时，现代科学技术高度分化和综合，知识的更新速度加快。这就要求高校必须重视对大学生专业知识的拓展和对大学生学习能力的培养，遵循一定的管理原则改革教学内容和方法，改革旧的学习管理制度。

（一）严格管理与灵活自主相结合的原则

根据大学生思维发展相对成熟等特点，应该扩大大学生在学习上的自由度。对学生的管理要活，活而有序；要管，管而不死。要破除"课堂中心、书本中心、教师中心"的框架，创造条件，使学生通过多种渠道、多位教师和多种学科来学习；本着让学生"学精、学好、学活"的原则改革教学管理，给学生充分的自主学习时间和学习自主权，提高学生的学习质量。

（二）民主管理与因材施教相结合的原则

高校学生学习管理应当坚持民主管理的原则。教师要因材施教，照顾不同学生的特点，努力发现拔尖人才。对有特殊才能的学生，应从学习管理规定上给他们较为宽松、灵活的选择权限，允许提前毕业、免试推荐研究生；对学习有困难的学生，应允许延长学习年限。高校学生事务管理者要严格把好质量关，促进人才的快速成长及人才质量的提高。

（三）学习管理与思想教育相结合的原则

学生的学习与学风有很大的关系，学生管理工作必须注重学风建设。要想使大学生养成勤奋、严谨、求实、创新的良好学风，就要对大学生的学习进行科学管理，实施优质的教育教学活动，加强质量考核和纪律约束，严格要求学生，端正学生的学习动机，不断激发学生的学习兴趣，提高学生学习的积极性、主动性和创造性。

培养良好的学习风气，不仅要对学生学习进行管理，还需要加强党风建设，需要全体教师带动良好的教学风气，需要对学生进行理想信念教育，培养大学生的社会责任感。

四、高校学生学习管理的主要内容与方法

（一）相关制度与机制的建立

1.完善教学管理制度

规章制度是高校学生学习管理的基础。根据教育部颁发的《普通高等学校学生管理规定》，各高校应结合自己的情况，制定相应的学生管理办法或实施细则，包括关于专业和课程选修方面的规定、学籍注册及异动的规定、学习纪律的规定、学业成绩管理的规定等。制定这些规章制度时，高校应注意依据国家的法律法规以及本校的相关办法进行，不能与国家法律和规定相矛盾；应充分考虑全体学生的利益，维护学生的学习权利；制定的规章制度应与本校实际相符合，具有可操作性，具体细节规定尽量明确；应保持制度的连贯性，便于形成良好的习惯和风气。

2.建立有效的学习激励机制

激励机制是大学生学习动力系统的重要组成部分。高校学生事务管理者要想建立有效的学习激励机制，就要尽可能地做到以下几个方面：一是开展必要的竞赛活动，并及时给予学生奖励，但要将个人参与和集体参与相结合，便于学生之间相互学习和团结协作；二是建立公正、公平、公开的学习综合评价或考核体系；三是指导学生进行正确的学习结果分析，尽可能让学生从自身内在因素（能力、身心状态）和可控因素（努力）等方面寻找原因，以对后续的学习行为产生积极的影响；四是严格课堂教学管理、课程考核与成绩管理，让学生形成认真、严肃的学习态度。

3.建立与学习相关的惩罚机制

在学习上，大学生如果不能按期、按要求完成规定的学习任务（特殊原因除外），就应接受相应的惩罚。但惩罚的目的主要在于让学生知过能改，制止其不良学习行为。

所以，惩罚要适当、适度，以利于引导学生自我评价和自我调节学习行为。

（二）学务指导

学务指导是大学生学习指导与管理的重要措施之一，是对学习指导与管理的继承与创新。当前的学务指导更加强调主动服务于学生的学习，主动把关于学习的系统知识和技巧传授给学生，让学生学会学习，并激发学生学习的主动性、创造性。同时，关注学生在学习中出现的各种问题并及时给予指导也是学务指导的重要内容。

学务指导对指导者的业务素质要求更高，强调对学生的个别指导和针对性指导，强调学生本人的参与。作为一项针对性很强的实践工作，学务指导在学生所处的不同学习阶段有着不同的工作任务。在大学一、二年级，指导教师要介绍大学学习与生活的特点，使学生能够迅速适应大学的学习与生活；帮助学生了解高校各种可以利用的教学资源，引导学生充分利用这些教学资源，积极、主动地学习；指导教师还要介绍学科和专业的教学内容、研究方向和发展前沿，使学生尽早了解相关专业内容与发展方向；在充分了解人才培养方案及教学计划的前提下，指导教师应尊重学生的兴趣和志向，注意知识结构的系统性，指导学生选课、选专业，对学生辅修第二专业给予建议和指导；在条件允许时，安排学生参加一些学术活动。到了大学三、四年级，指导教师要尽可能地安排学生参加教学或科研课题研究，使学生在实践中接受系统的技能训练；指导教师还应尽可能地让学生参加学术和科研活动，引导学生开阔视野，活跃创新思维，并在学生选择职业等问题上给予指导与建议等。

（三）学习困难咨询

所谓学习困难，就是指大学生在学业成绩方面明显低于同学的平均水平，难以按照教学计划的要求顺利进行后续课程学习的一种状态。为了促进大学生学习效率的整体提高，高校学生事务管理者和学务指导教师应当对那些在学习上有困难的学生给予特别的关注。这就是学习困难咨询。它是高校学生学习管理中一项重要的补充内容。

要想获得好的学习困难咨询效果，高校学生事务管理者应坚持以学业评价为手段，加强对学生学业状况的动态管理；采取有效的激励机制，培养学生的学业自律性。要坚持预防为主、指导优先的原则，鼓励和帮助学业成绩不良的学生进行自我调整，逐步改善学习效果。同时，高校学生事务管理者还要做好以下几个方面：

第一，建立学业成绩的预警和过程干预机制。这主要是指对大学生每学期或一学年取得学分的总量进行监测，及时发现大学生学业上的不良状况，对取得学分过低的大学生进行调查分析和必要的干预，积极采取补救措施，指导和帮助大学生顺利完成学业。

第二，通过学习心理咨询，帮助学生调整学习状态。学习心理咨询要主动服务于大学生的心理发展需要，从心理根源上解决大学生的学习动力问题。对于大学生存在的学习态度和动机偏差问题、学习方法问题、专业认识问题等，高校学生事务管理者应进行专业指导，并细致、耐心地回答和解决学生提出的问题。

第三，开设学习指导讲座和课程，帮助学生改进学习策略。学习困难的大学生，除了学习动力不足外，很多还存在学习策略不当的问题，如学习时间的管理策略不当、学习的自我监控和调节策略不当、环境与方法选择策略不当等。开设专门的讲座和课程，能引导学生探索和掌握适合自己的学习策略。

（四）大学生课余学术科技活动指导

大学生课余学术科技活动指导是高校学生学习管理的一个延伸内容。这一内容的主要目的是鼓励在校大学生参加科研活动，更多地接受科学研究的基本训练，培养学生的创新精神和实践能力，促进浓厚的学术科技氛围的形成。

大学生课余学术科技活动的主要形式有大学生论坛、专家讲座、大学生优秀科研成果评奖、大学生课外科研立项、科技论文报告会等，以及全国大学生课外学术科技作品及创业计划竞赛、电子设计大赛、数学建模大赛、机器人设计大赛等学科竞赛或专项竞赛活动。组织这些活动时，高校应成立大学生科技活动领导小组，负责全校学生课余学术科技活动的规划、组织、协调。同时，成立学生科技活动专家指导委员会，负责各类课余学术科技活动的立项、指导和评审工作。当然，设立"大学生科技创新基地""大学生课余科研基金"、大学生竞赛基金专项经费等，也能很好地支持大学生的课余学术科技活动，锻炼和培养他们的动手能力和创造力。对于高校学生事务管理者来说，要通过不同的途径和方式组织学生参与课余学术科技活动，把普及学生科技活动、动员学生积极参与课余学术科技活动作为自身重要的工作任务。

第三节 高校学生生活管理

当前我国高校主要采取全日制教育模式，高校需要对学生的日常生活如住宿、饮食、健康等进行统一管理，并引导学生形成良好的生活习惯。然而，我国一些高校并没有意识到学生生活管理的重要性，而是将更多的时间和精力放在教学质量提高方面，从而使学生生活管理的发展长期处于滞后状态。在素质教育理念下，高校要进一步加强学生生活管理，为学生提供良好的生活环境。

一、高校学生生活管理的概念和意义

高校学生生活管理主要指对学生的学习、课堂之外的物质与精神生活的管理，包括对学生宿舍的管理、对学生餐饮的管理、对学生健康的管理等。

高校学生生活管理是高校学生管理工作的重要组成部分，是高校的一项基础性工作。高校学生是一个特殊的知识群体，每天都离不开衣食住行、文体娱乐，对物质生活和精神生活有着独特的需求。高校对学生的这些合理需求必须予以高度重视。

学生生活管理与学生的培养目标密切相关，是培养学生全面成才的重要途径、手段和保证，是学生思想政治工作的重要补充。对学生生活进行有效管理，有利于培养学生的独立自主精神和良好的生活习惯，增强学生自我管理的意识和能力；有利于形成优良校风和民主管理、民主办学的工作作风；有利于激发大学生的主人翁精神，保证高校人才培养工作的顺利进行。

实现高校学生生活的有效管理，关键在于统筹兼顾，从思想上高度重视学生生活，把学生生活内容的丰富和生活质量的提高纳入高校总体发展规划中。

二、高校学生生活管理的基本内容

从宏观角度来看，学生生活管理是指对学生在高校期间的一切行为和活动进行统一管理，既包括学生的学习生活又包括学生的日常生活，现行的高校学生生活管理制度主要涉及学生的住宿、餐饮和安全等方面。

首先，在学生宿舍管理方面，宿舍是学生在校期间休息和放松的主要场所，当前高校学生宿舍主要以 4～6 人间为主，为了保证学生能够拥有舒适的休息场所，大部分高校都对宿舍进行严格管理，如建立宿舍卫生检查制度、宿舍考勤制度、宿舍设备维修制度等，同时要求外来人员严格进行出入登记，这能够保证宿舍秩序的安全稳定，让学生拥有一个安全舒适的生活环境。

其次，在学生饮食管理方面，高校学生基本都住在学校内，一日三餐都需要在食堂解决，由于高校学生人数众多，食堂每天都需要提供大量的饭菜，以保证学生的生活需求，为此高校学生生活管理要将饮食管理纳入重点管理范围，加强对食堂卫生安全的监督管理。

最后，在学生健康管理方面，随着我国高校教育规模的不断扩大，大学生人数逐渐增加，学生在校期间的健康会引起社会广泛的关注，这就要求高校注重卫生健康管理，通过建立后勤服务队伍、心理咨询队伍等，及时排除学生生活中可能出现的健康隐患，促进学生身心健康发展。

三、高校学生生活管理的原则

在实际工作中，高校学生生活管理需要遵循以下两条基本原则：

（一）服务性原则

高校学生生活管理要以学生为本，从学生群体的需要出发，为学生成才服务，为学生提供丰富多彩的、高质量的物质生活和精神文化生活，把为学生创造良好的学习、生活环境作为学生生活管理的出发点和归宿。为此，要确立正确的思想观念，明确管理即服务，管理即指导。

（二）学生自治性原则

高校学生生活管理工作要尊重学生的独立人格，发挥党、团、学生会等组织的作用，由学生参与管理，使学生真正成为管理的主人。发挥学生自治的力量，是做好学生生活管理的重要支柱。在贯彻这条原则时，应该做到充分相信学生、依靠学生，保证和给予学生合理、合法参与高校管理的自主权，真正保护好学生的切身利益，让学生为做好学生生活管理工作建言献策。

四、高校学生生活管理的途径和方法

对学生生活的管理，应在高校后勤部门提供优质生活服务的基础上，以完善学生生活管理制度为主，努力把行政管理和思想教育结合起来，把高校管理与学生自我管理结合起来，从而提高学生生活管理的质量。

（一）完善学生生活管理制度

在学生生活管理中，逐步确立一系列科学的管理制度是十分必要的。学生生活管理制度，有的是国家或上级主管部门的相关管理制度在高校的具体执行，是国家或上级主管部门管理制度的延伸；有的则是高校为了提高教学质量，建立正常秩序，实现培养目标而自行制定的制度。不管是哪类规章制度，都是高校教学和生活的规则和准则，因而都具有高校法规的性质，都具有约束力，都是按照党的教育方针做好学生教育和生活管理的必要条件和保证，对于实现管理的科学化、规范化和正常化，培养学生良好的思想品德和行为习惯，形成良好的校风学风，都有着重要的作用。

完善学生生活管理制度，是做好高校学生生活管理的主要保证和基本途径。学生在校期间的饮食起居、卫生健康方面的生活管理制度主要有学生宿舍管理制度、伙食管理制度、水电管理办法、卫生制度、学生健康保护办法等。

在制定学生生活管理制度时，应努力符合下列要求：

第一，体现教育性。学生生活管理制度要符合国家的教育宗旨、政策和法律的精神，符合教育原则和教育规律。国家的有关法规是制定高校规章制度的基本准则，制定和执行高校的规章制度，既是一种管理手段，也是一种教育方法，具有教育和影响人的力量。

第二，体现科学性。学生生活管理制度的制定要从本学校办学条件和学生生活管理实际出发，要符合学生集体生活和青年身心发展的特点，符合管理科学的要求，因校制宜，切实可行。

第三，体现民主性。高校学生事务管理者应把制定高校规章制度的过程，变成学生自觉接受纪律教育的过程。任何一项规章制度的制定，都要经过学生的充分讨论，不能只有少数领导参与。

第四，体现简明性。学生生活管理制度的制定要做到目的明确、内容具体、文字简练、易记易行，不能模棱两可、冗长繁杂。

第五，体现灵活性。学生生活管理制度的制定既要坚持原则，保持稳定性，不能朝令夕改，又要区别对待，结合高校的实际，因时因人而异。

在贯彻实施学生生活管理制度时，要注意以下事项：

第一，规章制度建立后，要有组织、有针对性地对学生进行宣传教育，增强学生的制度意识。要使广大学生从理论到实践充分认识到生活管理制度对于建立高校正常的学习和生活秩序、提高教育质量、实现培养目标的必要性和重要性；使学生认识规章制度的基本内容和不同的规章制度所着重解决的不同问题，认识制定规章制度应当遵循的原则等，从各方面加深对规章制度的理解，增强学生的制度意识，提高学生遵守规章制度的自觉性。

第二，维护规章制度的严肃性，做到违章必究。规章制度一经制定，必须严格执行。所有规章制度对任何学生都具有约束力，都必须严格遵守，违反了规章制度就要承担责任。对于少数违反制度的学生，应对其进行批评和处罚。合理的处罚不仅对学生本人是一种警诫，而且对其他学生也是一种教育。对学生的不良倾向和违规行为熟视无睹、置若罔闻，是对学生本人和教育事业的不负责任。批评和处罚仅仅是教育学生的一种手段，惩罚要严格按照有关规定，不可随心所欲。

第三，应该坚持对犯错误学生及其所在集体进行深入、细致的思想教育。只有被处罚者理解学校对他的处罚是为了保护学校集体利益的时候，只有当对个别人的处罚达到教育大多数人的目的的时候，处罚才具有积极意义。

第四，学生生活管理制度制定后，还要不断地检查和修订。高校的规章制度是在调查研究、总结教育管理经验的基础上，运用科学的方法制定的，一般都符合高校的实际情况，因此应当保持相对的稳定性。但规章制度也不应是一成不变的。规章制度实施之后，应当定期对其进行追踪检查，通过检查发现其中某些不合理或不完善的地方；而且随着社会的不断发展，原有的规章制度也会与高校的实际情况不相适应。这就要求高校学生事务管理者对原有的规章制度进行必要的修订，使其日臻完善。

（二）行政管理与思想教育相结合

行政管理与思想教育相结合，是学生生活管理的基本方法之一。高校作为教育人的场所，其职能是教书育人，应使学生在受教育的过程中，树立正确的世界观、人生观、价值观，为学生今后走向社会、参加现代化建设打下良好的基础。因此，在学生生活管理中，必须贯彻思想教育，使行政教育和思想教育结合起来。

大学生正处于成长发育期，他们思想单纯，世界观正在逐步形成，是接受知识、培养道德的黄金时期。在这一时期对他们进行知识、理想、纪律、道德等方面的教育，容易收到事半功倍的效果，并将对他们的成长产生深远的影响。

与高校学生其他方面的管理相比，高校学生生活管理的范围较大，但规范性也较弱。这就决定了学生生活管理在很大程度上要靠学生的自觉，要通过强化教育的手段来提高学生的思想觉悟、纪律观念和道德水准，以调动广大学生的自觉性和主动性。

教育手段与其他手段相比，更接近学生的心理，更容易为学生所接受，更容易在学生中产生共鸣，因此更容易对管理制度的贯彻落实起到促进作用。当然，严格管理制度本身，也是在对学生进行遵纪守法的思想教育。寓教育于管理之中，必须以思想教育保证管理制度的贯彻执行，又要以制度的贯彻执行来提高学生的觉悟。因此，管理制度与思想教育是相辅相成的。学生生活管理应当把严格规章制度与思想政治工作结合起来，通过有效的思想政治工作，把规章制度建立在更加自觉执行的基础之上。

（三）集体管理与学生自我管理相结合

在学生生活管理中，学生既是管理的对象，又是管理的主人。他们的双重地位，决定了高校鼓励学生依据管理制度进行"自我管理"是切实可行的。

绝大多数大学生已经具有生活自理能力，高校只要能使他们认识到生活管理的内容、意义和作用，对他们进行正确的引导和组织，广大学生就会把参与生活管理作为一种自觉的行动。事实上，只有当学生自己管理自己时，学生的生活管理才真正有了基础。当然，学生的"自我管理"仍需要高校管理人员对其进行指导和帮助。

为了做好学生生活管理，可以开展创建"文明宿舍""文明教室""文明食堂"评比活动，努力引导学生正确认识集体和个人的关系，把个人置身于集体之中，关心集体，为集体增添荣誉，这是发动学生进行自我管理的好途径。事实上，只有在集体中才最易显示大学生的青春活力，最易强化青年人积极进取的精神。在集体生活中，学生既可提高自己的能力，又可以获得做人的尊严，学生在为集体做贡献时，能获得集体赞扬，得到精神上、道德上的满足，这又能进一步促进学生为集体做出更大的贡献。这样的良性循环，能使集体中的成员迅速成长。相反，在缺少友谊、缺少交往、缺少集体和他人对自己肯定评价的情况下，个人极易陷入孤独、沉默、神经过敏的境地。为了学生的健康成长，必须引导学生积极融入集体生活，逐步培养学生的集体责任感、义务感、荣誉感，要求学生一切从集体出发，把集体利益放在个人利益之上，坚决克服不顾国家、集体和他人利益，不重视集体荣誉的极端个人主义倾向。

只有在集体中，学生才能真正体会到团结互助的重要性，认识到尊重他人情感和意志的必要性，学会以诚恳的态度待人处事，培养集体主义观念。研究表明，正确的认识只有在获得肯定的情绪体验后，才能被纳入个人的观念体系，并转化为信念。学生生活的集体是社会的一个小细胞，置身于这样的集体中，容易获得对集体主义观点的肯定情绪体验。同时，大学生对同龄人的赞同或反对十分敏感，会影响他们的自我塑造。因此，集体的评论、批评、表扬、帮助等，可能比家长、教师的个人力量效果更好。这就要求高校学生事务管理者充分发挥党团组织、学生会、各类社团的积极作用，带动广大学生进行自我服务、自我管理、自我教育，并参与集体管理，实现集体管理和学生自我管理的有效结合。

第四节　高校学生心理健康管理

心理健康是一个十分复杂的综合概念，不同学科的学者对此有不同的理解。美国学习心理学家科勒斯涅克认为心理健康是"一个人情绪上的安宁或他的个人适应和社会适应"。世界卫生组织认为，心理健康不仅指没有心理疾病或变态，不仅指个体社会适应良好，还指人格的完善和心理潜能的充分发挥，亦指在一定的客观条件下将个人心境发挥到最佳状态。因此，大学生心理健康的内容主要包括心理健康、自我意识、学习心理、个性心理、人际交往心理、恋爱与性心理、择业心理等，随着社会的发展，又融入了心理咨询与心理治疗方面的内容。

大学生心理健康问题以及针对这些问题的研究，已经引起了全国高校的广泛关注。我国大学生的心理健康教育起步较晚，经历了一个由认知到重视再到加强的过程。20

世纪 90 年代起，我国开始重视大学生的心理健康教育工作，许多学者围绕这一课题开展了研究，提出了许多实施方法，教育工作者也在对大学生进行心理健康教育的方法上进行了许多有益的尝试。

大学生在不同情境、不同发展阶段所面临的心理问题是不同的。调查表明，大学生的心理问题主要包括三个方面，即心理困惑、心理障碍、心理疾病。心理困惑是轻微的心理问题，并不影响学生的健康发展，但心理困惑如果得不到及时调节，就会发展成比较严重的心理障碍；而心理障碍如果得不到及时调适，就会发展为心理疾病；心理疾病会严重影响人的健康，影响人的全面发展。

一、高校学生心理健康问题的主要表现

（一）高校学生心理困惑的主要表现

1.目标的缺失

学生在上大学前有十分明确的目标，这个目标就是高考。学生的一切活动都服从于这个目标，所以他们常常披星戴月、废寝忘食地苦战备考。但在考上大学后，一些学生就在学习上有所放松，他们没有制定长远目标，只是以不挂科来要求自己。

2.难以适应新的学习方法

大学的学习方法和中学有很大不同。不少学生习惯了中学那种处处离不开教师指导的学习方法，难以适应大学里以主动式、探索式为特点的学习方法。

3.自我评价失当

有些学生到了大学后，发现很多同学多才多艺，原来的优越感化为泡影，自尊心受到挫伤。学生如果不善于辩证思考和正确对待这些问题，就会产生消极的情绪，不利于自身的正常发展。

4.恋爱心理困惑

大学是一个相对自由和开放的场所。大学生在这个阶段生理已经基本发育成熟，与异性交流的意愿也比较强烈，多数大学生希望在大学里找到心仪的对象。但一些学生在思想上缺乏必要的准备，没有形成正确的择偶观，缺乏解决恋爱问题的能力，当遇到挫折时，不知如何处理，容易产生压力与困惑。

（二）高校学生心理障碍的主要表现

心理障碍是指由个人及外界因素造成心理状态的某一方面（或几方面）发展的超前、停滞、延迟或偏离。它是影响个体正常行动的心理因素。

1.人际关系敏感

人际关系敏感主要指在人际交往中的不自在感和自卑感。部分学生有人际交往方面的心理障碍。人际关系敏感主要有以下表现：交往者缺乏主动性，在正式场合和人多的情境中紧张不安，害怕被人注视，但又不甘心被人冷落；过分在乎他人的态度，怕别人不理睬自己，担心被他人耻笑和拒绝；做事追求完美，有绝对把握才敢尝试。还有的学生在与他人交往的过程中，经常发生一些摩擦、冲突和情感损伤，这难免会使部分学生产生孤独感，产生压力和焦虑。

2.麻木或冷漠

麻木或冷漠是一种综合的心理障碍。它表现在以下几方面：缺乏积极的认识动机，活动意向减退，情感冷漠，情绪低落，意志衰退，思想停滞，等等。大学生一旦有了这种心理障碍，就会缺乏进取精神，甚至会随波逐流，混日子，混文凭。有的学生一遇到困难和挫折，就退缩不前。当感觉自己无力战胜困难和挫折时，有的学生就会失去信心和勇气，表现出漠不关心的态度。这主要表现为有的学生对学习不关心，对成绩好坏不在乎；有的学生对某一门功课缺乏兴趣就不去上课；有的学生沉迷于网络游戏。

3.情绪失控

有的学生在受到委屈或挫折后会产生愤怒的情绪，甚至情绪失控，做出种种攻击性行为。情绪失控表现为怒目而视、破口大骂、讽刺挖苦等。有的学生会寻找"出气筒"，以发泄愤怒的情绪。这种情绪失控会导致部分学生违法违纪，严重影响高校正常的教学秩序。

4.环境改变与心理适应障碍

大部分新入学的学生面对的是陌生的城市、陌生的校园和集体，很多人又是第一次远离家门，所有这些情况都可能带来不同程度的环境适应问题。环境适应问题主要表现为食欲不振、失眠、烦躁不安、严重焦虑，甚至想退学等。有的学生不适应大学的学习方法，感到学习压力大，对学习失去信心，产生强烈的自卑心理，其中一部分学生表现出对现实的失落感。

5.人格障碍与人格缺陷

人格是一个人在与环境相互作用的过程中所表现出来的独立的行为模式、思维方式和情绪反应。

在大学生中常见的人格障碍主要有偏执型人格障碍、强迫型人格障碍和反社会型人格障碍。以偏执型人格障碍为例，其主要表现是对挫折过于敏感，过分夸大自己的重要性，固执、猜疑、嫉妒、心胸狭窄、不接受批评。这些不良因素会严重影响学生的学习、人际关系和自我完善。

人格缺陷是介于正常人格与人格障碍之间的一种人格状态，也可以说是一种发展的不良倾向。常见的人格缺陷有自卑、抑郁、孤僻、敏感、多疑、焦虑、对人有敌意及暴躁冲动等，显然，这会严重阻碍学生的正常发展。

（三）高校学生心理疾病的主要表现

心理疾病是由个人及外界因素引起个体强烈的心理反应（思维、情感、动作行为、意志）并伴有明显的身体不适感，是大脑功能失调的外在表现。心理疾病同心理障碍不同，心理障碍可以通过自我调适而消除，心理疾病大多需要经过专门的治疗（包括心理治疗和药物治疗）才能消除。但心理障碍和心理疾病两者没有严格的界限，轻者为障碍，重者为疾病。

常见的心理疾病有以下几种：

1.神经衰弱

神经衰弱是一种心因性疾病，表现为神经系统没有器质性病变，仅仅是功能的失调。导致神经衰弱的原因是大脑长期负担过重、过度疲劳，或精神受到刺激，情绪长期处于紧张状态。神经衰弱是一种比较常见的心理疾病，它是在长期刺激作用下由于大脑神经活动持续过度紧张，而导致的大脑兴奋和抑制神经活动能力减弱的一种神经症。神经衰弱的主要特征是易兴奋、易激动、易疲惫，并常常伴有各种躯体不适和睡眠障碍等。敏感的人和有不良性格的人更易患此症。

大学生神经衰弱症的发生率很高，主要是由生活、学习压力过大，过分紧张，缺乏面对现实的勇气和良好的适应能力造成的。例如，学习负担过重、人际关系紧张、家庭贫困、就业压力过大等都是发病的诱因。如果神经处于持续的紧张状态，超过了个体所能忍受的限度，就会出现神经崩溃和失调的情况。

2.焦虑症

焦虑症是指持续性精神紧张或惊恐发作的状态。焦虑症患者常常感到惶恐不安，心烦意乱，有的患者甚至会产生恐惧感。它与一般的焦虑情绪不同，一般的焦虑情绪是由具体对象或具体事物引起的，而焦虑症没有引起焦虑的具体对象和理由。患者常常表现为无明显原因的紧张和不安；经常提心吊胆又没有具体原因；过分关心周围的事物，难以集中注意力，做事心烦意乱，没有耐心；常伴有心悸、头晕、恶心、手脚发冷等症状。

3.抑郁症

抑郁症是一种严重危害人类身心健康的常见心理疾病。它的主要症状包括失眠、心烦、反应迟钝、易怒、易激动、处事不冷静、忧郁、持久疲劳等。近年来，随着生活节奏的加快、社会变化的加剧、竞争的日益激烈、心理压力的加大，高校学生的抑郁问题变得越来越普遍。

4.恐怖症

恐怖症是对某种特定情景或物体产生强烈的恐惧，明知无害，但又不能克制的神经症。在大学生中比较常见的恐怖症是社交恐怖症，它是指对某一特定的社交场所和对象产生的恐惧心理。例如，有的学生不敢与他人目光相对，不敢和异性说话或交往，一看到对方就脸红心跳；有的学生在求职面试时变得异常紧张，甚至盗汗、心跳过速；有的学生不敢和陌生人见面等。恐怖症对学生的人际交往、学习和工作都会产生一定的不良影响。

5.精神分裂症

精神分裂症的明显症状是情绪紊乱，思维破裂，在感知、记忆、思维、情绪和人格方面都有严重障碍，思想和行为失去逻辑，脱离现实，哭笑无常。患者的心理活动和行为活动高度不协调，并常出现错觉和幻觉，如时常能听见别人听不见的声音，看见别人看不见的事物等。

6.强迫症

强迫症的特点是有意识的自我强迫与有意识的自我反抗强迫同时存在，二者冲突导致病人出现紧张不安、痛苦难忍的情绪状态。患者知道强迫症状是异常的，但无法摆脱，如屈从于强迫观念的反复洗手、反复检查、反复询问及奇怪计数等。其实大多数人曾有过某些轻微的强迫观念，如不停地考虑对即将发生事情的解决方法。正常人的这种想法有其合理性，不会对自身的其他行为产生明显干扰。而患有强迫症状的个体常有自卑、缺乏安全感、意识发展刻板、僵化、内疚倾向及容易感到威胁等性格特点。

二、高校学生心理健康问题产生的原因

大学生心理健康问题的出现与社会、高校、家庭、个人等因素有关，归纳起来主要有以下几个方面：

（一）环境的变迁

对刚进入大学的学生而言，他们所面对的是一个非常新奇又非常陌生的环境。这种环境的变迁会给新入学的学生带来一些困难：一是学习环境的变化会增加他们适应新环境的困难；二是生活环境上的变化也很大，这种变化需要他们独自应付一切生活琐事；三是地位的变化，进入大学以后，各方面的人才聚集在一起，势必使一些学生失去原来的拔尖地位，这种地位的变化越强烈，他们适应起来就越困难。

（二）人际关系失调

如果大学生善于与周围的人保持良好关系，维持一种融洽的、正常的感情交流，就能很快适应新的环境，获得一种归属感和安全感。这种交往将有助于学生的身心健康。但由于大学生来自不同的地域、不同的家庭，他们的思想观念、价值标准、生活方式、生活习惯都存在明显差异，而且有些大学生是独生子女，其在与他人交往的过程中喜欢以"我"为中心，有时难以适应大学校园里丰富多彩的集体生活和多种多样的人际关系。

（三）情感受挫

在大学校园里，爱情历来是被人称颂和羡慕的，因为它真诚、单纯、美好。但是一部分大学生在处理感情问题上还不成熟，往往在两人关系和未来发展问题上陷入困境，而又难以自我调适。轻者会陷入情感的旋涡难以自拔，茶饭不思；重者会痛苦不堪，甚至产生严重后果。

（四）学习压力过大

为了适应社会中日趋激烈的竞争，在将来的择业中更胜人一筹，部分学生在完成课堂上所规定的各种学业要求之外，又在课外拼命地自学，考各种证，希望使自己的素质和竞争力得到最大程度的提高。升学、工作等方面的问题会给学生造成很大的学习压力。

（五）自身缺陷

少数大学生在容貌、身材等方面存在一些先天的缺陷或在自身个性方面存在某些缺陷，如孤僻封闭、急躁冲动、固执多疑等。这些缺陷很容易使大学生产生自卑心理，导致其形成敏感、多疑的性格，甚至导致心理问题的产生。

（六）家庭因素

部分家长把自己的希望寄托在孩子的身上，这种超负荷的希望往往使一些大学生背上沉重的心理压力。一些学生家庭困难，在大学里需要靠社会或学校的资助，这使他们在学习上不敢有丝毫的放松，认为只有取得优异的成绩才能回报社会和学校的关爱。同时，他们在言行、穿着打扮方面也会格外小心谨慎，生怕被周围同学议论。长此以往，有这种境遇的大学生会感到苦闷、孤独、自卑、迷惘，内心充满压抑感。

（七）高校及社会观念因素

目前在国内，无论是高校还是社会，对心理问题方面的认知教育和宣传还不到位，心理救治体系尚不完善，这导致大学生的心理问题不能得到及时、有效解决。大学生即使意识到自己心理出现问题，也不敢或不愿意去心理辅导中心寻求帮助，往往通过压制和堵截来对待积于心中的问题，这样只会使心理问题越来越严重。

三、高校学生心理健康管理的内容

（一）学习辅导

学习辅导能帮助学生明确学习动机，激发学习兴趣，掌握必要的学习策略。同时，对学习有困难的学生提供一定的咨询与心理支持，也能让他们树立学习的信心，克服自卑与焦虑心理。

（二）生活辅导

生活辅导主要包括生活适应辅导、人际交往辅导、情感辅导三个方面。

生活适应辅导：帮助学生学会适应各种生活环境，养成正确的生活方式，在生活态度上确立正确的人生观和生活目标，形成积极进取、乐观豁达的生活态度。

人际交往辅导：让学生掌握必要的人际交往技能，帮助人际交往困难者克服自卑、封闭、以自我为中心、怕羞等人际交往心理障碍，提高学生的社会适应能力，使之学会与人沟通、与人和谐相处。

情感辅导：教给学生必要的情绪调节知识，使学生了解情绪体验的丰富多样性，掌握表达和控制自己情绪、情感的正确方式，学会调节与控制自我情绪。同时，为在学习、生活过程中遇到情感问题的学生提供咨询与服务，帮助他们走出情感困境，以积极的心态投入学习、生活。

（三）升学与就业辅导

升学与就业可以说是大学生人生中一个重要的转折点，在这个转折点学生最容易出现困惑与心理问题。所以，心理辅导者要帮助学生了解自己的优劣势，告诉学生在面对升学与就业时所必须注意的问题，应该采取怎样的正确态度去面对，让学生在面对选择时保持良好的心态。

四、高校学生心理健康管理的原则

在实际工作中，高校学生心理健康管理应遵循以下原则：

（一）面向全体学生的原则

高校学生在心理健康方面存在的诸多问题，虽然以个体的方式呈现出来，但它往往具有广泛性，反映的是大学生这一群体普遍的心理诉求。在心理健康方面，大学生都不同程度地存在着这样或那样的问题，只是严重程度不同，因此高校学生心理健康管理应以学生为主体，面向全体学生，切忌头痛医头，脚痛医脚。

第一，要以全体学生为对象，考虑全体学生的心理需要和普遍存在的问题。高校学生心理健康管理关注、关心、关爱的对象应是全体学生。

第二，搭建平台，尽可能让全体学生参与。

第三，不断完善心理健康教育方法。要真诚倾听学生的呼声，为学生提供合理的发泄渠道；要以学生为主体，启发、引导与帮助学生，切忌强制、训斥、嘲讽。

（二）预防和矫治相结合的原则

高校学生事务管理者应在充分、客观、全面了解学生的基础上主动出击，未雨绸缪，防微杜渐，做到预防与矫治相结合。

第一，预防为主，建立完备的心理健康防范、预警网络体系。高校学生事务管理者应建立完善的学生个人心理健康动态资料库，主动、及时、准确、全面地了解学生的心理健康状况。各高校应定期对大学生进行心理测试，建立完备的个人心理资料库。各班应设立心理资料员与信息员，及时向高校有关部门与相关人员反映班级学生的心理问题，使高校对每位学生的心理健康问题做到心中有数。

第二，制订完善、系统的心理健康教育与培训计划，积极主动地开展大学生心理健康咨询、培训、辅导工作。高校学生事务管理者应将心理健康教育、课堂教学、第二课堂活动、社会实践相结合，这样才能取得好的效果。

第三，高度重视，及时矫治大学生心理健康中的各种不良行为和疾病。

（三）尊重和理解的原则

这是一个涉及如何对待学生以及如何处理师生关系的原则，同时也是高校学生心理健康管理应遵循的基本原则之一。它是进行心理健康管理的前提条件，也是心理健康管理成功的关键。

第一，尊重学生的人格和尊严，尊重学生的个性，尊重学生的权利。

第二，正确看待和理解学生在心理健康方面出现的问题，以平和的心态开展心理健康教育。做好高校学生心理健康管理的前提是对当代大学生的特点有一个准确、客观与全面的认识。

第三，保护学生的个人隐私，切实做好心理健康资料库的保密工作。

总之，只有理解大学生，才能赢得大学生的尊重，只有得到大学生的尊重，才能赢得大学生的理解，只有尊重与理解并举，才能顺利开展高校学生心理健康管理。

第五节 高校学生安全管理

一、高校学生安全管理的内容

高校学生安全管理作为一项有计划、有组织、有目的的安全管理活动，包括日常的安全教育、安全管理及安全事故的处理等基本内容。与此同时，高校学生安全管理应以防范教育系统突发公共事件的发生为重点，应高度重视对校园突发公共事件的预防与控制工作。

（一）大学生安全教育

安全教育作为安全管理的基本内容之一，是事故预防与控制的重要手段。安全教育是通过各种形式的教育和培训，努力提高人们的安全意识和安全技能，使人们学会从安全的视角观察问题和审视问题，用所学到的安全技能去处理问题的教育活动。安全教育的内容非常广泛，一般而言，大学生安全教育包括安全知识教育和安全技能培训两个部分。安全知识教育包括法律法规教育、安全常识教育、早期职业安全教育。安全技能培训包括日常安全防范技能培训和早期职业安全技能培训两个部分。与系统的安全理论知识教育相比，安全技能培训针对性较强，注重实践教学环节，着眼于培养大学生的实践动手能力，它的主要目的是使大学生具备在某种特定的环境或条件下安全、顺利地完成任务的能力。

1.大学生法律法规教育

大学生法律法规教育包括以下几个方面：基本的法律教育；国家有关安全管理方面的政策、法规教育；校规校纪教育，特别是涉及大学生日常行为规范的教育。对大学生开展法律法规教育，能够帮助大学生树立法律观念，形成良好的法律意识，使大学生对高校安全工作有一个总体了解，对自身所处的学习、生活环境有充分的认识，对自己在校园安全方面所承担的权利和义务有正确的态度，对自身在事故处理中所承担的责任有清醒的判断。

2.大学生安全常识教育

大学生安全常识教育主要包括防火、防盗、防抢、防骗、防滋扰、防食物中毒、防止网络犯罪等与大学生学习和生活联系紧密的安全知识教育，目的在于使学生掌握安全防范知识，树立安全防范意识。对突发公共事件的安全知识的教育和普及，是对大学生进行安全常识教育的重点内容。对大学生开展突发公共事件的安全教育，能使大学生对突发公共事件有全面的认识，掌握在自然灾害、社会安全事故、公共卫生事件等突发公共事件发生时所能用到的预防、避险、自救、互救、减灾等公共安全知识和技能。对大学生开展全面、系统的安全常识教育，能够帮助大学生建立科学、实用的安全知识体系，有效地保护大学生的人身安全。

3.大学生早期职业安全教育

大学生早期职业安全教育是大学生安全教育的重要内容之一。早期职业安全教育主要是开展与大学生所学专业相关的安全教育，教育内容是在大学生实验室安全教育和实习安全教育的基础上，对大学生走出校园、步入社会将面临的职业领域安全问题进行的安全知识教育。早期职业安全教育体现着以人为本、终身教育的理念，更加关注大学生的未来安全。早期职业安全教育是提高大学生安全意识和安全素质的重要途径和手段。

4.大学生安全防范技能培训

大学生安全防范技能培训是在安全理论知识教育的基础上，着重培养和锻炼大学生处理实际安全问题的能力。安全防范技能培训主要是通过课堂安全技能的演示、课外实习实践、有组织的应急演练等活动，训练大学生防盗、防抢、防火、防人身伤害，以及应对公共突发事件等日常安全防范技能，以提高大学生的防卫能力。

（二）大学生日常安全管理

大学生日常安全管理是指对大学生学习和生活过程中所涉及的安全问题进行的管理，主要包括人身安全管理、财产安全管理、消防安全管理、网络安全管理等。

1.人身安全管理

人身安全管理是大学生日常安全管理工作中的重点。在校期间，威胁大学生人身安全、容易对大学生构成人身伤害的因素主要来自三方面：一是人为因素造成的不法侵害，如打架斗殴、寻衅滋事、聚众闹事等；二是不可抗力造成的人身伤害，主要指自然灾害，如地震、雷击、山体滑坡、泥石流等；三是意外事故造成的伤害，如摔伤、溺水、撞伤等。在大学生日常安全管理工作中，主要从以上三个方面开展大学生安全管理工作，规范大学生日常行为，防止滋扰事件、伤害事件、人身侵害事件的发生，做好安全事故的预防工作。同时，在大学生受到人身安全威胁时，及时对大学生进行帮助，并如实向主管部门和领导汇报，以有效保障大学生的人身安全。

2.财产安全管理

财产安全管理是大学生日常安全管理的一项基本工作。财产保护一般分为自力保护和他力保护。自力保护是指通过自己的力量，依靠所具备的安全防范知识和技能，对自己所拥有的合法财产进行保护。他力保护是指根据国家法律的规定，依靠国家机关实现对个人财产的保护。随着科技的普及和信息时代的到来，大学生遭遇网络诈骗的事件也时有发生。因此，在财产安全管理过程中，高校学生事务管理者应充分利用安全管理活动开展宣传和教育，引导和培养大学生增强自身财产安全保护的意识和能力。同时，应着力从加强校园治安、宿舍安全、公共场所安全等方面防止诸如抢劫、盗窃、诈骗等危害大学生财产安全的事件的发生，加大对此类事件的打击力度，保障学生的财产安全。

3.消防安全管理

消防安全管理是高校安全管理工作的重中之重，任何部门和个人都有预防火灾、维护消防安全的义务。校园是大学生活动的主要场所，为了保障大学生的人身和财产安全，在大学生安全管理工作中必须做好校园安全防火工作。图书馆、教学楼、体育馆、食堂、实验室等公共场所是大学生安全管理的重要场所。对这些场所的管理主要包括建立健全规章制度和硬件配套措施，实行定期检查、报告和评估制度，重点检查消防设施、安全出口、疏散通道等，严防火灾的发生。

在防火工作中，对大学生寝室进行安全排查和管理是大学生安全管理工作的重中之重。在管理中，必须坚决制止违章用电、用火等行为，并在教育的基础上，对违反消防安全规定的行为进行严肃处理。

4.网络安全问题

网络时代的到来，给人们的生活带来了很多的便利。相应地，网络安全问题也给人们带来了烦恼。紧跟时代步伐的大学生群体是我国网民的重要组成部分，他们利用网络搜集信息、学习知识、交流沟通。然而，少数大学生迷恋网吧、浏览不良信息、沉迷游戏、不慎上当受骗等问题也时有发生，有的甚至走上了犯罪的道路。在大学生日常安全管理工作中，必须高度重视大学生网络安全问题，加强网络管理，规范大学生的网络语言和网络行为；同时应加强宣传教育，引导良好的网络道德氛围的形成，维护高校网络安全。

（三）大学生安全事故处理

大学生安全事故处理主要包括事故的调查取证、事故责任的认定、事故损害的赔偿和对事故责任者的处理四方面的工作。

1.事故的调查取证

事故的调查取证工作是事故处理中十分重要的一个环节，它是弄清事故发生的经过、查找事故原因、有效控制事故的重要步骤。学生发生安全事故后，高校要及时调查处理，开展相应的调查取证工作，以获取事故发生的第一手资料，找出事故发生的原因。在校园内，发生诸如学生非正常死亡、重伤或财物被窃、失火等事件时，相关管理人员应沉着、冷静，迅速采取措施进行抢救和保护现场，并及时通知学生家长；同时，相关管理人员要稳定学生情绪，及时恢复正常的教学和生活秩序，协同有关部门妥善处理；除此之外，在调查取证的基础上，相关管理人员应形成调查报告并及时向学院、高校及相关主管部门汇报。

2.事故责任的认定

安全事故责任的认定，是在事故调查取证后，在对各种证据资料汇总和分析的基础上，进行相应事故责任的判定工作。在安全事故责任认定的过程中，主要依据相关法律法规及有关规定，对高校、学生或其他相关当事人进行责任认定工作。

安全事故责任的认定，主要根据事故相关当事人的行为与损害后果之间的因果关系依法确定。由高校、学生或者其他相关当事人的过错所造成的安全事故，依据相关当事人在事故中行为过错程度及其与事故损害后果之间的因果关系认定其应承担的相应责任。若当事人的行为是事故发生的主要原因，应当认定其承担主要责任；若当事人的行为是事故发生的非主要原因，应当根据实际情况认定其承担相应的责任。

3.事故损害的赔偿

对所发生的事故负有责任的组织或个人，按照法律法规的有关规定，确定其承担相应的损害赔偿责任。在赔偿的范围与标准上，按照有关行政法规、地方性法规，或者依照最高人民法院司法解释中的有关规定执行。对于参加了高校集体组织的意外伤害保险、责任保险等险种的学生，高校学生事务管理者应积极主动帮助学生做好保险的受理和赔偿工作。在事故发生后，根据投保险种和投保公司的不同规定，高校学生事务管理者应帮助学生及其家长做好相应的报案工作、报销凭证的准备工作，以及相关证明的开具工作等。

4.对事故责任者的处理

对事故责任者，根据责任主体在事故中的具体情况应进行相应的责任追究。对安全事故负有责任的学生，依据事故实际的情况以及对事故责任的认定进行相应的处理。因违反高校纪律而对事故的发生负有责任的学生，根据高校相应的管理规定，诸如学生违纪管理规定、公寓管理规定、校园治安秩序管理规定等给予相应的纪律处分。因触犯刑法而对事故的发生负有责任的学生，应交由司法机关依法处理。在对学生责任主体进行处理时，高校学生事务管理者应本着教育为主、处罚为辅的原则，让负有责任的学生通过事故教训受到安全教育，从而改正他们的不良思想倾向和行为习惯，使他们充分认识到安全对自身和他人的重要性。

二、高校学生安全管理的原则

高校学生安全管理的原则是在高校学生安全管理工作的实践中形成的，体现了高校学生安全管理的客观规律，是高校学生安全管理必须遵循的准则。高校学生安全管理工作遵循的主要原则有明确责任原则、教育先行原则、保护学生原则、教管结合原则。

（一）明确责任原则

明确责任原则是指在高校学生安全管理中，建立健全岗位责任制，完善高校学生安全管理的队伍建设，实行责任追究制度。贯彻明确责任原则，有利于调动各方面积极因素，做好高校学生安全管理工作；有利于建立健全规章制度，加强队伍建设，实现严格管理。贯彻明确责任原则，能够在高校学生安全管理中形成自上而下的合力，使高校学生安全管理工作制度化、法律化、长效化。贯彻明确责任原则，能够把责任与权力结合起来，既明确了责任，又充分重视各安全职能部门的职责，做到权责分明。同时，应建立责任评估体系，确立考核指标体系，运用测量和统计分析等先进的方法，对考核的实际效果进行科学评估。

（二）教育先行原则

教育先行原则就是在高校学生安全管理中，注重发挥安全教育的预防作用，通过课堂教学和课外实习，利用各种宣传、教育活动，使大学生掌握安全知识和安全技能，明确安全管理的重要性，理解安全防范的重要意义，自觉地参与到安全教育和管理活动中来。高校学生安全管理工作要以预防为主，要做到以预防为主，就必须以教育为先导，要对学生进行安全教育，使大学生充分认识安全预防工作的目的和意义，以此促使大学生认识到安全预防工作的重要性。在高校学生安全管理工作中，高校学生事务管理者应认真贯彻落实教育先行原则，重视安全管理中的教育工作，使安全教育充分发挥其预防作用，帮助大学生树立起正确的安全防范意识，掌握安全常识，具备安全防范技能。高校学生事务管理者应避免安全教育形式化、表面化，应从预防为主的安全管理工作重心出发来理解教育先行原则，高度重视高校学生安全教育工作。教育先行原则还应重视对大学生安全技能的培训，克服单纯注重安全知识教育而忽视安全技能培训和实践的思想和倾向。

（三）保护学生原则

保护学生原则是指在高校学生安全管理工作中，以学生为主体，依据大学生生活、学习和成长的需要，针对大学生的知识结构和年龄特点，开展安全教育和管理活动，保障大学生的人身安全和财产安全，促进大学生的健康成长。保护学生原则充分体现了高校以人为本的办学和管理理念。对大学生安全的保护要靠管理，这种安全管理不是消极、被动的管理，不是为了管理而管理、出了事故才管理，而是积极、主动管理，是充分了解学生安全需要、针对大学生群体特点的管理。因此，贯彻保护学生原则，应注重研究群体与群体之间、群体与个体之间、个体与个体之间的关系。为了贯彻保护学生原则，高校学生事务管理者应把个体教育与群体管理结合起来，在重视个体的主体地位、突出高校学生安全管理对个体的教育职能的同时，注重对群体管理职能的发挥，并将二者有机地结合起来。同时，还要充分发挥和调动大学生的主体性，使大学生切身体会高校学生安全管理工作对自身发展的重要性，把外在的教育转化为大学生自身的安全意识，实现自我教育和自我管理，并最终转化为自己良好的行为习惯。

（四）教管结合原则

教管结合原则就是在大学生安全管理工作中，把安全教育与安全管理两个基本内容有机地结合起来，在充分发挥教育与管理各自的作用的同时，使二者互为条件，相互补充。在安全管理实践中，有时会出现安全教育与安全管理脱节的现象。贯彻教管结合原则，既有利于开展以预防为主的高校学生安全教育工作，又有利于充分利用教育和管理资源，不断提高安全管理的水平。

高校学生事务管理者应不断提高自己的安全教育水平，提高安全管理的整体能力，以便更好地贯彻和落实教管结合原则。同时，高校学生事务管理者应注意教管结合的工作重心问题，根据不同的时间、地点，不同的工作对象、任务和内容来调整教育与管理的工作重心，做到相互结合，互为补充。

三、高校学生安全管理的任务

（一）建立和健全高校安全工作责任制和责任追究制

高等学校的党政主要领导是安全工作的责任人，要对安全工作负总责。

高校应根据自身实际情况建立健全具有可操作性的安全工作责任制，并将任务分解，落实到人。高校要认真执行责任追究制度，对相关责任人要严肃处理，对构成犯罪的，要依法追究刑事责任。

高校要建立安全工作通报制度，定时向上级主管部门汇报学生安全管理工作，把高校安全工作列入年度工作要点，并努力降低事故发生率。高校还要把定期进行安全工作检查和实施相应的整改措施，并将其作为制度确定下来。

（二）全面提高高校安全工作管理水平和应急能力

加强高校安全工作管理水平是全面提高高校安全工作的关键环节。高校学生事务管理者要建立健全安全责任制度，认真分析高校安全工作中存在的薄弱环节，明确安全工作的要求。有条件的地方和高校，要加大设备投入，不断提高技术防范能力。

1.把高校防火安全问题放在突出位置

火灾事故的危险性极大，最易造成群死群伤和重大财产损失，因此高校要抓好防火安全工作。

2.进一步加强学生宿舍管理

目前，学生宿舍的管理问题十分突出。学生宿舍是人群密集场所，也是最易发生事故的场所。一些高校的学生宿舍拥挤，脏乱现象仍然存在，电源线、电脑线私拉乱接，违章用电现象屡禁不止，火灾隐患突出。高校要抓好学生公寓的安全管理工作，彻底排除安全隐患。

3.加强校园及其周边环境整治

由于多方面的原因，当前高校校园及其周边环境仍然存在不少问题，有的还比较突出，主要表现在校内流动人口大幅度上升，高校管理和治安难度加大；校园周边密布了一大批以学生为主要营业对象的网吧、私人影院、宾馆等经营场所，给高校的育人环境带来了不良影响，也带来了许多不安全因素。高校要主动与地方政府及有关部门加强联系，加大对校园及其周边环境的整治力度。

（三）全面提高大学生的安全素质

要把安全教育纳入高校正常的教育教学内容之中，全面培养学生的安全意识，提高学生的安全素质。加强安全教育，树立安全意识，培养学生在紧急情况下的自救能力和处理问题能力，不仅是高校安全工作的需要，也是全面提高学生综合素质的基本要求。提高学生的安全意识、培养学生的安全防范能力和应急能力，已经十分紧迫。

高校要通过调整教学计划，把安全教育纳入高校正常的教育教学内容之中，还要宣传、贯彻国家有关安全管理工作的方针、政策、法律、法规，对学生实施安全教育及管理，妥善处理各类安全事故，引导学生健康成长。

第六节 高校学生就业指导

一、高校学生就业指导的概念

高校学生就业指导是高校围绕促进毕业生就业的政策，面向学生开展的认识职业、选择职业、获得职业、适应职业、驾驭职业的系统工作。具体来讲，高校学生就业指导包括帮助大学生充分了解自己的爱好、性格、能力等个性特点，使其对自己有全面、理性的认识；帮助大学生了解社会职业的分类、岗位的内容、岗位的知识和能力要求等信息；帮助大学生根据自身的个性特点选择适合自身的职业，也就是通常所说的实现"人职匹配"。总的来说，高校学生就业指导是以积累知识、增长才能、培养良好品德和作风为目的，以教育为手段，以指导为灵魂的一项内容丰富、系统性和针对性都很强的工作。

二、高校学生就业指导的特点

（一）连续性与阶段性相结合

高校学生就业指导的连续性是指就业指导工作贯穿于培养学生的全过程，其内容是渐进的和连续的，其目的是全面提高学生素质，为学生顺利就业提供多方面的服务，从而使大学生这种知识型劳动力资源得到合理配置。大学生就业指导的阶段性是指就业指导工作分阶段进行，各个阶段的目的、内容、方式都有所侧重。纵观大学生就业指导的各个阶段，前一阶段是后一阶段的基础，环环紧扣、段段相连。大学生就业指导的阶段性与连续性是有机结合在一起的。

（二）普遍性与特殊性相结合

高校学生就业指导的普遍性包含以下三层意思：一是不同年级、不同培养方式、不同学科类别的学生都需要得到相应的就业指导；二是广大毕业生和用人单位普遍要求高校开展就业指导；三是各种就业指导的内容和目的具有共同之处。大学生就业指导的普遍性要求高校充分认识和重视这一工作，并采取多种方式予以实施。然而，由于地区、行业、经济、文化发展不平衡，各高校毕业生在就业过程中所面对的工作地区、行业层次和范围不同，所遇到的主要问题和存在的矛盾也不尽相同，甚至有相当大的差异，因此高校学生就业指导工作也具有特殊性。在实施普遍的就业指导的同时，解决好特殊问题是做好高校学生就业指导工作的关键。

（三）政策性与思想性相结合

在任何社会里，个人就业和个人成才从来就不是孤立的，而是与国家、社会的发展紧密相连的。国家能够通过一系列就业方针、政策来实现对毕业生资源的宏观管理与调控。高校作为国家就业方针、政策的具体执行者，必须紧紧围绕国家的就业政策开展大学生就业指导工作，充分发挥政策的导向作用。

在高校学生就业指导工作中，思想指导是做好就业指导工作的重要保证。思想指导是高校学生就业指导工作的重心，也是我国高校学生就业指导工作的显著特点，主要包括帮助大学生树立正确的择业标准、确立高尚的求职道德、选择正确的成才道路。思想指导的目标是引导毕业生转变就业观念，树立正确的职业观、择业观和创业观，正确处理事业与生活、个人与集体等关系，理性地选择职业，同时做好艰苦奋斗、甘于奉献的思想准备。道德修养和个人信誉对学生的成才和发展是极为重要的，在求职过程中也同样重要。在思想指导工作中，要引导学生在就业过程中做到实事求是、诚实正直、与人为善，决不能在求职时吹嘘自己、贬低别人，也不能不讲信誉。求职道德是学生素质的重要展示，是给用人单位留下的第一印象。高尚的求职道德有助于培养高尚的品行，使人终身受益。求职过程中的不道德行为，有时不仅会影响到个人，也会对他人产生不利的影响。

（四）科学性与实用性相结合

高校学生就业指导工作的科学性具体表现在以下几个方面：预测就业形势要切合实际，要有客观依据；要全面积极地理解、宣传和执行国家的就业方针、政策，处理好国家需要、高校办学和毕业生就业三者的关系；就业指导的内容应系统完整，有较强的针对性，指导方法要灵活多样，使毕业生乐于接受；搜集就业信息的方法要正确，要对搜集到的信息进行合理且必要的筛选；等等。

高校学生就业指导的实用性是指高校在开展就业指导工作时，要针对学生在就业准备和就业过程中所遇到的各种实际问题，给予及时的帮助和指导。例如，帮助毕业生树立正确的择业标准、高尚的求职道德，克服依赖心理和盲目攀比心理；帮助毕业生搜集和掌握广泛的社会需求信息，为毕业生创造尽可能多的就业机会；帮助毕业生了解社会对人才的要求，使其掌握科学的求职技巧，尽早选择正确的成才道路；等等。

总之，实用性是大学生就业指导工作的出发点和落脚点，而科学性则是实用性得以实现的前提和保证。

三、高校学生就业指导的重要性

（一）高校学生就业指导属于高校教学中的重要工作

当前，各大高校教学中最重要的问题之一就是大学生的就业。高校学生就业率直接影响到高校专业设置、就业指导教师职业发展以及高校的社会声誉等。因此，高校学生就业指导工作在高校教学中发挥着重要作用。

1.对高校专业设置的影响

在高校教学中，专业的设置需要教育主管部门的批准，其所遵循的重要标准就是社会实际发展对该专业的需求程度，社会需求程度的量化所反映出来的就是高校大学生的就业情况。换句话说，如果高校中某一专业的就业情况并不理想，那么教育部门就会根据实际情况减少该专业的招生名额。长此以往，该专业学生的就业情况会更加不理想，甚至该专业还会被撤销，这会给高校造成很大的损失。

2.对高校就业指导教师职业发展的影响

在高校学生就业指导课程中，虽然教师的主要工作是授课，但是他们也担负着辅导大学生就业的责任。如果大学毕业生的就业质量不高，那么势必会影响就业指导教师的职业发展。

3.对高校社会声誉的影响

在社会大众的心目中，评价高校的一个重要标准就是大学生的就业质量。如果高校就业质量高、学生的就业情况好，社会大众就会认为这所高校的教育质量好。

（二）高校学生就业指导影响大学生未来的发展

大学生在离开学校后所从事的第一份工作可能影响其未来的发展。同时，良好的工作状态有助于帮助大学生树立自信心，有效地规避"毕业即失业"的现象。因此，就业指导教师在教学中要有针对性地培养和提高学生的就业能力，开展科学有效的就业指导与培训，帮助其更好地应对未来的工作需求。

（三）高校学生就业指导对社会稳定发展具有影响

大学生的就业问题是影响社会经济发展的重要因素。大学生是实现国家发展的不竭动力，是推进现代化建设的重要人才资源。但是随着高校扩招，大学生的就业形势越来越严峻，如果高校未能实现大学生的有效就业，就会对国家发展与社会稳定产生影响。高校学生就业指导工作不仅能够加强我国人力资源的合理配置，而且能够促进高校教育改革。

四、高校学生就业能力的培养

就业能力不是与生俱来的，它需要通过后天的学习和实践逐步地培养和提高。在严峻的就业形势下，在校大学生应该充分利用大学阶段这个承前启后的关键时期，有意识地培养和提高自身的就业能力，使自己在未来的就业竞争中立于不败之地。对于高校而言，应转变培养目标与模式、调整专业设置、加强实践性教学和大学生就业指导。

（一）从大学生的角度出发

1.做好个人的职业生涯规划是提高就业能力的基础

对于许多毕业生来说，与其说是"就业困难"，不如说是"就业迷茫"，大多毕业生没有就业目标或目标不明确。对自己的大学生活缺乏科学合理的规划，往往成为大学生面对就业压力时手足无措的一个重要原因。因此，大学生应对大学生活进行科学合理的规划：一是要树立正确的职业理想；二是要正确进行自我分析和职业定位；三是要构建合理的知识结构；四是要培养就业所需要的能力。大学生只有将合理的知识结构和适应社会需要的各种能力统一起来，才能提高自身的就业能力。

2.有意识地培养社会适应能力是提高就业能力的关键

社会适应能力是指人为了在社会中更好地生存而进行的心理上、生理上以及行为上的各种适应性的改变，是与社会达到和谐状态的一种执行适应能力。简单地说，社会适应能力是指在各种环境中调节自己心理、生理的能力。"象牙塔"里面的大学生接触真实社会的机会很少，环境的隔离使他们对社会的看法往往趋于简单化、片面化和理想化。由于缺乏工作经历和生活经验，大学生就业时由"学生"向"职业人"角色转变慢、适应的过程长。一些企业在招聘应届毕业生时，在同等条件下，往往优先录用那些曾经参加过社会实践、有过班干部或学生会干部经历的学生。

大学生对社会和环境的适应应该是积极主动的，而不是消极的。大学生只有具备较强的社会适应能力，走入社会后才能缩短自己的适应期，充分发挥自己的聪明才智。这就要求大学生在大学学习期间，在不影响正常学业的前提下，多与社会接触，通过兼职、实习等渠道，主动地去培养和提高自身的社会适应能力。

3.培养良好的心理素质是提高就业能力的保证

有的大学生在求学期间，只注重对专业知识、专业技能的学习，却忽视了对自身心理素质的培养，尤其是对自信心的培养。这使一些人在面对困惑或逆境时，表现出茫然、焦躁和畏惧的心理，从而影响到自己的学习、生活和工作。尤其在求职过程中，有些学生一旦遭遇失败，便一蹶不振，甚至对面试产生恐惧心理，这也是大学生就业难的原因之一。

就大学生自身来讲，应从以下几个方面入手，努力培养良好的心理素质：

（1）在掌握知识的基础上提高各方面能力。

（2）培养优良的非智力因素。

（3）维护和促进心理健康。

4.掌握正确的求职方法和技巧是提高就业能力的捷径

凡事都讲究方法和技巧，求职也不例外。求职者只有做好充分的求职准备，注意运用恰当的求职技巧，才能顺利就业，找到心仪的工作。正确的求职方法和技巧是就业能力的一个重要组成部分，更是帮助大学生顺利就业的可靠保证。

在大学学习期间，大学生就应该掌握就业信息的搜集、筛选的方法和原则，简历的撰写技巧等，并尽可能地寻找实践这些方法和技巧的机会，使自己在真正求职时胸有成竹。例如，大学生应该熟悉常见的大学生就业心理偏差及调适方法，了解撰写求职信的禁忌，熟悉简历的形式和投送方式，明确面试前的准备工作和面试过程中的注意事项，掌握笔试的技巧等。

（二）从高校的角度出发

促进高校毕业生就业能力的提高是当前一个十分紧迫的问题。高校作为人才培养机构，在提高毕业生就业能力方面负有重大的责任。高校应高度重视用人单位对人才的需求，培养大学生的就业能力，为大学生成功就业提供帮助。

1.帮助大学生树立职业意识，制定和落实大学生职业生涯发展规划

高校应建立与完善以职业规划和就业咨询为核心的就业指导机制，建立与完善政府、高校、企业积极参与提高大学生就业能力的"三位一体"培训机制，强化大学生就业能力培养，构建科学的课程体系。就业能力的培养应贯穿整个大学阶段，并将其渗透到专业教学中去。

同时，高校管理者要把大学生就业能力培养纳入高校培养目标，促进高校教育教学改革。因为高校作为人才培养机构，对于大学生就业能力的培养具有不可推卸的责任。

2.加强高校与用人单位之间的联系，共同培养大学生的就业能力

高校对大学生就业能力的培养和开发，只有满足社会和用人单位的需要，才有可能得到用人单位的认可，使大学生成功就业。要做到这一点，高校必须加强和用人单位之间的联系和合作，共同开发和培养大学生的就业能力。

3.加强大学生就业指导课的课程建设，提高大学生的就业能力

就业指导课是高校课程体系中的一门重要课程，其目的是使学生在正确的世界观、人生观和价值观的引导下，树立自己的人生目标，规划自己的职业生涯，养成良好的学习习惯，形成强烈的创新意识、熟练的实践技能和扎实的专业功底，为就业打下坚实的基础。加强大学就业指导课程建设，必须以发展的理念明确就业指导课的意义和特征，用系统的方法规范就业指导课的内容体系，以创新思维设计就业指导课的基本思路，从而从教学的视角，深层次地、理性地认识大学生就业指导工作的规律和实践模式。

4.构建完善的高校就业服务体系

第一，在就业指导服务上必须强调全员化。高校就业服务体系的构建，必须以习近平新时代中国特色社会主义思想为指导，确立"以学生为本"的理念，一切为了学生，为了一切学生。在就业服务目标的确立上、在就业服务的内容和形式上都应体现"以学生为本"，为全体毕业生服务。在就业指导服务的组织上必须强调全员化，要真正落实就业工作"一把手"工程，要成立以校长为组长，以分管学生工作的党委副书记为副组长，以各职能部门与院（系）的主要负责人为成员的毕业生就业工作领导小组。要构建"校院两级，以院为主"的毕业生就业服务工作体制。另外，要发挥校友的作用，利用校友的力量做好毕业生就业信息的搜集、就业岗位的推荐工作，还要动员全校教职员工参与到毕业生就业工作中来，制定相应政策，对毕业生予以引导与鼓励。

第二，在大学生就业服务课程体系的设置上必须强调全程化。大学生就业指导具有鲜明的全程化特征，应贯穿学生大学生活的始终。教育内容要由浅入深、循序渐进，做到个性化、系统化、科学化、规范化。大学新生的"就业教育"，主要是引导学生融入大学，适应大学新的环境，了解大学培养人才的目标和要求。对大学中年级学生的就业指导，重点是教育学生根据自己的职业目标，积累自己的才干，围绕自己的职业目标，不断在知识方面、能力方面、素质方面进行完善，抢抓机遇，尽早成才。对临近毕业的大学生的就业教育主要是要求其端正心态、立业报国，帮助他们正确认识社会发展需要和就业形势；介绍全国及地方就业形势和就业政策；完善信息沟通渠道，搜集就业信息，达到信息准确、渠道畅通的程度；传授求职的策略、技巧及应注意的问题。全程化的就业服务课程的设置要求高校教学管理部门把就业服务指导课程纳入教学计划，并有计划地分阶段实施，做到整体性和阶段性相结合，实用性和综合性相结合，并体现课程教学形式的多样性。

第三，在就业渠道拓展上必须强调多元化。一是积极引导毕业生面向基层就业，特别是要鼓励他们到城乡基层、中西部地区、非公有制企业和中小企业就业。二是探讨"订单式"培养模式，改革教学方法，更新教学内容，促进人才培养与就业市场紧密结合。"订单式"培养不仅可以为企业培养适销对路的人才，也可以拓展毕业生就业的空间。三是加强就业基地建设，为毕业生就业搭建平台。

第六章 我国高校学生事务管理模式

第一节 我国高校学生事务管理模式的现状

按照学生事务管理的理念、目的及职能划分，我国高校学生事务管理模式大致可以归纳为三种管理模式，即管理者—被管理者模式（管制模式）、服务者—消费者模式（服务模式）和"一级化"学生事务管理模式。

一、管理者—被管理者模式

管理者—被管理者模式也被称为管制模式，是比较传统的模式之一。这种模式基于这样的认知：学生是不成熟的个体，缺乏自我管理的能力，是被动的个体，因此需要管教。在这种认知下，管理者拥有绝对的权威，学生是被管理者，只能服从于管理者。这种模式在我国传统师道尊严的思想观念的影响下，更加根深蒂固，影响至深。从我国高等教育发展的历史来看，这种管制模式大致又表现为两种典型形式：一是分散式；二是直线式。这两种表现形式属于职能型组织形式，这种组织形式是金字塔式的。

这种组织结构层级多，塔尖权力集中、命令力强，而学生处于这个金字塔的最底层。在这种组织结构中，高层占有的信息多，底层占有的信息少，信息分配的多少决定了权力的大小和层级的高低。直线型组织形式的优点是工作的执行力较强，各层级职责明确，思想政治教育针对性强；其缺陷是层级多，信息传递速度慢，且信息在传递的过程中容易失真。一般而言，信息往往需要经过高校、学生工作处（部）、院（系）、辅导员、班干部后才能传送给班级学生。这种层层传递的工作形式既浪费时间和人力，又影响办事效率，而且信息在传递过程中容易失真。

以下从管理理念、组织形式两个方面简要地论述管理者—被管理者模式：

（一）管理理念

在传统的学生事务管理理念中，学生是管理的对象，管理的目标十分明确和单一化，即对学生进行思想政治教育，控制、约束和规范学生行为。此时的价值取向强调"社会本位"和"知识本位"，注重"德育首位"。学生工作的目的在于为高校服务，从属于整个高校行政管理体系。

这种学生事务管理模式把学生看成被教育的对象，认为学生是被动的客体，需要加以约束。在这种理念下，管理者只需要对高校负责，他们对学生缺乏了解，其管理工作不是以学生的需求为出发点的。

这种管理理念深刻地影响着学生事务管理的诸多方面。例如，从管理文化方面看，该理念属于一种权威型、专制型的文化；从管理目标方面看，它把实现班级和高校目标、维护班级和高校利益作为重要的目标和归宿；从管理制度方面看，它把规章制度作为学生管理的中心环节，认为没有规矩不成方圆，制度是管理的保证，制度是铁定的、不可通融的，制度面前人人平等；从管理意识方面看，它主要强调"官本位"和"校本位"，强调权利意识，凸显了地位的重要性；从管理理性方面看，这种管理理念往往忽视个人理性，它强调组织理性，要求学生服从高校的权威、命令、纪律、条例等，不能在高校活动中做任何自主的理性决定；从管理过程上看，学生必须在同样的环境中接受同样的制度约束，履行同样的被管理的义务，否则便不能对学生进行有效的管理，不能最大限度地提高管理的效益和效率。

（二）组织结构

组织结构是管理模式的载体，当前主要的组织结构可以分为三种：职能型、项目型和矩阵型。职能型组织结构是当今世界上最普遍的组织结构，是基本的层次组织。职能型组织结构是一个标准的金字塔结构，高层管理者位于金字塔的顶部，中层和低层管理者则沿着塔尖向下分布。这一组织结构通常被划分为不同的职能单元，因而这种结构又常被称为"职能结构"。与层次化相反，项目型组织结构是一个单目标的垂直组织结构。在项目型组织结构中，为达到某一特定目标所必需的所有资源按确定的功能结构进行划分（项目型组织的内部结构仍然是功能化的），并建立以项目负责人为首的自控制单元。

项目负责人在项目实施方面被赋予相当大的权力，并且可以调动整个组织内部或外部的资源。项目的所有参加人员在项目实施过程当中都被置于项目负责人的直接掌握之中。矩阵型组织结构是一种多元化结构，力求最大限度地发挥项目型组织结构和职能型组织结构的力量，并尽量避免它们的弱点。矩阵型组织结构又分为弱矩阵型、平衡矩阵型和强矩阵型。

在组织机构设置方面，学生事务工作实行的是高校党委领导下党委与行政共同管理的体制。具体表现如下：在高校一级设立由校党委、校行政领导的学生工作委员会，下设学生工作部和学生工作处，学生工作部与学生工作处合署办公，即一套班子、两块牌子；学生工作处（部）下再设若干个办公室或中心，负责具体的学生事务工作。对于院（系）一级组织来讲，其学生事务工作既受高校学生工作处（部）、校团委等校级职能部门的领导，又受院（系）党总支（或分党委）、行政负责人的领导。院（系）层面的学生事务一般成立类似院（系）一级的学生工作领导小组，由党总支副书记（或分党委副书记）或院（系）副院长或副主任担任组长，再在各年级（班）配备班主任或辅导员，以加强对学生的日常思想政治教育和管理工作。这也就是说，学生事务工作在高校内部形成了党政合一，两级管理，多头、多部门领导的体制，因此这种组织结构也被称为科层制直线式结构。

在这种学生事务管理模式的组织结构中，高校的行政命令是最为重要的。在整个管理体系中，自上而下的垂直管理效率较高，容易出成绩，对高校来说十分有益，有利于整个高校管理工作的有序运转。这种模式也适应了我国等级结构明显的高等教育系统。但是在这个系统中很难看到学生的影子。在管理者眼中，学生成了被管理的对象，学生隐藏在行政命令所指导的事务当中，成了最底层的管束对象和命令终端，并且这个结构的信息传导是单向的，任务命令的制定者和发布者很难听到学生的声音。

二、服务者—消费者模式

服务者—消费者模式，也称为服务模式。这种模式是伴随着我国市场经济的不断发展而逐步在高校学生管理中形成的。随着我国经济社会的不断深化以及高等教育的大众化、社会化，有人认为高等教育也是一种消费行为。对高校来讲，学生已成为一种特殊的"消费者"。在这种环境影响下，我国高等教育迎来了"学生消费者"时代，高校的一些活动也要符合学生的利益，满足学生作为"消费者"的需求。这种服务模式影响乃至冲击着高校学生事务管理的观念，使传统的学生事务管理模式开始面临挑战。有学者通过调查发现，我国高校的人均学费从20年前的200元，一直上涨到如今的5 000～15 000元，在20年间上涨了几十倍，但是高校的学生事务服务却没有跟上学费上涨的速度。学生事务管理的水平严重滞后于学生发展的需要。面对这种状况，高校必须不断追求专业化的管理，满足不同学生的个性需要，从而为学生提供优质的教育产品和完善的服务体系。

以下从管理理念、组织形式两个方面来简要论述这一管理模式。

（一）管理理念

在经济学理论中有一个假设，即经济人都是理性人。有人认为，高等教育是一种消费行为，是一种商品资源，学生是理性的人，是高等教育机构的客户，是享受高等教育的"消费者"。高校工作人员所做的工作一方面是为学生提供知识，另一方面就是要提供良好的服务。"一切以消费者为中心，一切以学生为中心"，学生的满意度成为衡量高校办学质量的标准，直接影响高校的生源和社会声誉。

在"学生是消费者"这一理念下，高校学生事务管理工作中就出现了服务者—消费者模式。这是一种服务型的工作模式，服务型的学生事务管理工作应包括新生入学服务、身心服务、教育资助服务、社会实践服务、毕业就业服务和学习指导服务、住宿服务以及餐饮服务等。在学生事务管理工作所涉及的服务项目的开发与建设的过程中，高校需要不断丰富服务手段，完善服务的规范与制度，加强服务基地建设，强化服务基地与课程学习、校园文化活动的结合，使服务体系更加完善。在这种模式中，学生事务工作者与学生之间的关系成为客户经理与客户、服务与被服务的关系。在学生事务管理者眼里，为学生提供最优质、最满意的服务是最终的目标。

（二）组织结构

在这种模式下，学生事务的组织运行是以为学生提供最便捷的服务为中心的，大多采用的是项目式的组织结构。学生事务管理被分散在不同的职能部门，但这些职能部门都有为学生服务的职责。这种组织结构可以称为"大学工"服务形式。

高校在校级层面设置了与学生工作相关的服务职能部门，负责各个方面的学生服务工作。学生在读书期间的各种需求和问题均由相关的职能部门解决。

由服务代替管理，是学生事务管理工作的一大进步。在对待学生的态度上，该模式强调"以人为本"，尊重学生的主体地位。分散又统一管理是这种模式的最大特点。在该模式下，高校将不同的服务需求自动分配给相应的分管部门进行处理，以充分体现和谐、方便的人性化管理理念。但在这种模式下，学生缺乏参与学生事务管理工作的积极性，而且高校对学生的教育引导功能被弱化了。

三、"一级化"学生事务管理模式

"一级化"学生事务管理模式以我国香港高校为代表。这种管理模式的特点是，学生事务管理只设在高校一级，院（系）一级没有相应的学生事务管理机构，它不同于内地高校的三级管理模式。香港的高校实行的大多是学生自主式的管理模式，这种模式支持学生自主完成自己的学业及其他活动，而学生事务管理机构即学生事务处则重在服务而非管理，只有在涉及学生的日常事务时才由学生事务处负责。相较于内地而言，香港高校的学生事务管理工作的职能范围更加广泛，它不仅包括与内地高校大致相同的各类学生事务，如新生入学服务、教育资助服务、社会实践服务、毕业就业服务和学习指导服务等，而且统筹管理体育、宿舍、食堂、保健等方面的工作，从而形成了相对独特的管理模式。

（一）管理理念

香港的学生事务管理是侧重"服务型"的学生事务管理模式，其管理的理念是尽力满足学生的发展需求，表现为"尊重学生的意见和感受"。这种模式通常更加注重学生主体作用的发挥。在对学生进行教育和管理的过程中，学生事务处的管理者往往只是对学生起指导、启发、帮助以及咨询的作用。在这一过程中，管理者会通过自己的专业知识和言行来引导、启发学生做出正确的选择。此外，管理者非常注重学生的意见、需求和建议，并根据学生的发展需要来决定他们的工作方向和服务内容。

在具体的管理实践中，香港的高校虽然也制定了非常严格且健全的规章制度（如学则），但其管理者在按照这些规章制度的要求进行管理的同时，也会按照主动服务和自愿参与的原则为学生服务，即只要他们认为是正确的活动或者是对学生有利的活动，他们都会精心地策划，认真地组织。此外，他们从不强求学生参加某项活动，完全由学生自由选择、自愿参加。

（二）组织结构

就组织结构中的人员配置来讲，香港高校一般都有一支专业化的学生工作者队伍，成员大多具有较高的专业技术能力和学术修养，能熟练地将一些现代教育技术手段和专业知识运用到学生事务管理工作当中。这主要是因为香港有健全的准入制度和严格的选拔条件，要求从业者具有一定的社会工作经验和相关的专业背景。与此同时，成为学生事务工作者还要有爱心和奉献精神，并乐于为学生服务。香港学生事务协会和亚太学生事务协会定期通过组织和开展认证课程学习、教育讲座、参观考察、专题会议和特定主题的培训等教育活动促进从业者的专业成长和发展。学生事务工作者需要经过专门的业务培训和长期的工作经验积累，所以他们大多有良好的职业道德和职业情感，非常敬业且素质较高，有些还成为了学生事务管理领域的专家。

香港高校学生事务管理工作是一级化服务模式，即学生事务管理机构只设在高校，属于"扁平化"的组织机构。目前，一种新的组织方式正在形成，即学生事务工作由高级学术人员（如学院的院长）来牵头。院长负责所在学院的整个学生事务工作，或委托专业的管理人员，与院长助理或学生事务办公室副主任一起负责特定的学生事务工作。

可以说，香港学生事务管理工作体现出制度化、规范化、人性化和高效率的特征，有着严格的从业标准和选拔机制。从业者敬业且素质高，使得他们在处理学生事务工作时游刃有余，从容不迫。而对于内地高校来说，通过激励机制、有效的措施培养爱岗敬业、具有奉献精神和良好的专业技能的专、兼职辅导员和教师队伍，才是学生事务管理工作良性发展的基础。由于香港与内地特定文化和历史背景的差异，我们在借鉴、吸收好的方面的同时，应该根据内地的实际情况、学生群体的特点因地制宜地构建适合内地高校的学生事务管理模式。

第二节 我国高校学生事务管理模式存在的问题

我国目前还没有形成统一、固定的学生事务管理模式，各高校主要围绕思想政治教育这一主线来处理繁杂的学生事务。现有的模式虽然在一定程度上有利于开展全面教育和促进高校的稳定发展，但是在实践过程中，还存在一定的弊端，需要不断地探索和改革，以建立科学、高效、实用的学生事务管理模式。

一、管理理念有待转变

我国高校学生事务管理随着社会经济文化和高等教育的发展而产生，不同时期高校的发展目标、内涵和使命的变化也使得高校学生事务管理理念不断变迁。现阶段，高校学生事务管理提倡"以学生为本"，促进学生的全面发展。但是在实际管理和服务中，组织结构的科层化、工作内容的宽泛化、工作形式的多头化、人员队伍的复杂化等现象的存在，对学生事务管理理念的践行产生了一定的影响。

随着社会转型，社会价值越来越多样化，价值观念的冲突较为激烈。面对这些价值冲突，大学生的价值观出现了微妙变化：一是价值主体的自我化；二是价值取向的功利化；三是价值目标的短期化。但现有的学生事务管理模式不能很好地应对社会发展和学生个性、心理、学习发展的需要。因此，学生事务工作者要转变管理理念，树立以"教育、管理、引导、咨询"为主要职能的"以学生发展为本"的管理理念。

二、组织结构有待改善

我国高校多年来实行以行政约束为主导的学生事务运行机制，虽然在近些年有所改革和调整，但从根本上说，其管理模式仍然体现为一种科层制的管理。这就容易形成多头多层管理、相互推诿、资源浪费和效率低下的弊端，而且各部门之间、部门与院（系）之间不能形成合力，横向信息沟通不畅，易造成工作的重复和遗漏。除了沟通不够，这一管理模式还会在无形中给学生和学生事务工作者增加负担，让学生对学生事务工作和学生事务工作者产生认知偏差，这也不利于促进学生的发展。另外，校级和院（系）都具有服务和管理职能，且工作职责和内容混淆不清，使得管理部门将很多的精力和人力放在了处理繁杂的学生事务上，而在有效管理方面投入的力量非常有限。因此，要改善高校学生事务管理的组织结构，让学生更好地参与进来，提高高校学生事务管理的实效性。

三、队伍建设有待加强

从上述我国香港高校学生事务管理的队伍建设来看，无论是人员的任职资格、还是后期培训都形成了一套严格、规范和成熟的选拔及培养机制。入职人员首先要取得入职资格，入职资格包含对专业知识、学历、工作经验、专业兴趣及个人成就等方面的要求。入职后，高校也很注重对辅导员、学生事务工作人员的定期培训。学生事务工作人员经过长期积累，能熟练运用相关专业知识，在学生社团活动、心理健康、就业指导、体育活动、后勤管理等方面为学生提供指导、辅导、服务和咨询，以切实地帮助和促进学生成长。但目前，我国内地学生事务工作人员的专业背景多种多样，有些工作人员是刚毕业的硕士研究生，没有相应的实践经验。有的高校只是整体对新入职人员进行了培训，没有针对入职者的个人特点、专业特点对其进行专业化、系统化的培训。

学生事务管理是一项专业性很强的工作，其管理目标的实现有赖于对教育规律以及学生发展规律的深入研究和把握。为适应高等教育的发展，更好地发挥学生事务管理的育人作用，首先，高校应该构建学生事务管理队伍培养体系，对学生事务工作者进行专门训练和教育，并对他们的职业能力进行专门测验等。其次，高校应该注重培养学生事务管理人员的职业化、专业化能力，为学生事务工作者提供更多进修、交流的机会，不断地促进学生事务工作者自身服务能力的提高。

四、管理模式亟待创新

美国高校学生事务管理经过了百年的发展，已经形成一个组织健全、部门分工细化、职责明确、管理规范的独立且完备的系统。

目前，我国高校的学生事务管理模式还处于不断摸索的阶段，还没有真正形成一套较科学有效的学生事务管理模式，既缺乏理论的指导，又缺乏实践工作与理论研究的相互融合。纵观国外高校学生管理模式，大多都突出组织机构的扁平化特征、立足于满足学生的需求、着眼于方法手段的更新、注重专业化队伍的建设等，我国高校学生事务管理体系的建设可以从中受到启发。

第三节 高校学生事务管理的发展趋势

高校学生事务管理贯穿于大学生在校期间成长成才的全过程，是高等教育管理的重要组成部分。随着我国高等教育事业的改革与发展，探索高校学生事务管理的专业化道路，已经成为一项重要课题。

一、专业化是高校学生事务管理发展的必然趋势

（一）专业化是高校人才培养使命的必然要求

人才培养是高校的职能之一，也是高校的办学宗旨和天然使命。现代教育质量观认为，必须以全面素质（包括智力因素与非智力因素）发展为标准来评价大学的人才培养质量。从这个评价标准出发可以发现，以课程教育和技能培养为主体的专业教育，主要侧重于培养学生的智力因素，未能很好地开发和培养学生的动机、兴趣、情感、信念、意志、性格等非智力因素，无法满足高校提高人才培养质量的需要。涵盖专业学习以外内容的学生事务，对于学生的智力因素和非智力因素的全面协调发展，具有更为持久和深刻的影响。另外，随着时代的发展和科技的进步，社会对人才的需求更加多元，专业化的学生事务管理是培养符合社会需要的宽口径、厚基础、一专多能的高素质复合型人才的迫切需要。

（二）专业化是高等教育大众化的必然要求

随着高等教育大众化进程的加快，高校在校生人数剧增，学生个体也呈现出多元化、复杂化的特点，有的学生存在理想信念缺失、道德滑坡、意志薄弱、责任感缺乏等问题。学生实际面临的经济、学业、就业、心理等方面的压力也时刻困扰着他们，特别需要高校提供多方面的帮助和指导。高校学生事务管理工作呈现出工作对象复杂、工作内容广泛、工作难度不断加大的特点。传统的学生事务管理已无法适应高等教育大众化的要求，高校学生事务管理专业化建设势在必行。

（三）专业化是学生事务工作者自身发展的必然要求

根据马斯洛的需要层次理论，个体具有复杂的多层次需要组合，主要有生理需要、安全需要、归属需要、尊重需要和自我实现的需要。其中，尊重需要是指个体希望获得成就感，以及他人对自身价值的承认与尊重，自我实现需要源于自我实现和满足，二者都属于成长需要，同时也是个人发展的需要。长期以来，人们对学生事务的理解和认识过于狭窄。有人将学生事务管理看作无须专业人员、人人都能干的工作。实际上，学生事务管理需要工作人员具有很高的业务素质和水平。在具体实践中完善自身专业素质，通过教育、管理和服务实现育人目标，并使自己成为学生事务管理的专家，是高校学生事务管理者的内在需求。

二、高校学生事务管理专业化模式构建的原则

（一）坚持"以人为本，促进学生全面发展"理念的原则

学生事务管理理念是学生事务管理的出发点和归宿，规定着管理内容及管理工作的开展，也决定着管理模式的构建。"以人为本，促进学生全面发展"的理念，就是要坚持人本位和社会本位的统一，全心全意为所有学生服务；要转变教育观念，改变"以学校为主体、以教育者为核心"的工作思路和方式，树立一切工作都是为了学生健康成长的观念；还要以促进学生全面发展为目标，调整组织结构，引入信息化管理手段，实施流程化办事程序，推行精细化服务理念，突出民主化管理风格。

（二）坚持思想政治教育与学生事务管理协调统一的原则

思想政治教育和学生事务管理是高校学生工作的"两翼"，坚持二者的协调统一，就是要坚持中国共产党的领导，发挥社会主义核心价值观对学生事务管理工作的指导作用。任何以学生事务管理代替思想政治教育，或者单纯倚重思想政治教育的做法，都是无视学生实际需要、偏离学生工作科学内涵和规律的表现。

（三）坚持教育、管理与服务协调统一的原则

基于重管理而轻服务的现实，高校强化学生事务管理的服务意识和服务功能，并非抛弃教育和管理职能，而是要充分认识到三者是相辅相成、缺一不可的。高校的中心任务在于育人，学生事务管理工作也必须时刻以育人为核心。强调学生事务管理的服务职能，也必须坚持"以德育为核心，强调服务，重视管理"的职责定位，在机构设置、工作流程、管理制度、协调机制和经费分配等方面，紧紧围绕学生来提高服务质量，不能本末倒置，切忌因追求服务的完善和管理的科学而淡化学生事务管理工作和高校教育功能的发挥。

（四）坚持学生参与的原则

学生参与是落实民主管理、追求高校与学生共同利益和保障学生合法权益的有效途径。坚持学生参与的原则，既是实现学生事务管理使命的应有之义，也是由学生身心发展的规律决定的。大学生参与高校学生事务管理有三个层次：初级层次以行使知情权、监督权和建议权为核心，中级层次以行使行动权、咨询权和评议权为核心，高级层次以行使表决权、投票权为核心。大学生参与高校学生事务管理的参与模式有知情模式、行动模式和决策模式。通过组织结构的设计、制度的安排、文化氛围的营造，形成"师生合作互动"的管理模式，有利于创造公正、透明的管理格局，促进学生自我权益保护意识、竞争意识和参与意识的培养。

三、高校学生事务管理专业化模式探索

（一）明确工作职责，完善内容体系

工作职责泛化一直以来都困扰着高校学生事务管理者，科学、合理地界定工作内容，是构建高校学生事务管理专业化模式的基础和前提。虽然由于历史和文化传统的差异，以及各高校人才培养任务、发展目标和规模的不同，世界各国高校学生事务管理工作的内容、范围差异很大，但学生事务管理工作的共同点都是对学生的非学术性活动或课外活动进行指导和管理。无论是从最初的"管理+教育"，还是到后来的"管理+教育+服务"，我国学生事务管理的理念与实践均有了一个较大的飞跃。而随着"辅导"在全世界学生事务管理中的日益兴盛，我国开始建构独具特点的"管理+教育+服务+辅导"的内容体系。在今后我国高校学生事务管理的转型中，如何面对我国社会和高等教育急剧变革与转型所带来的巨大机遇及挑战，创造性地扩充和完善学生事务管理体系的内容，实现学生事务管理的专业化、科学化、系统化、实效化，将是高校学生事务管理者需要思考和实践的方向。

（二）调整组织结构，优化操作流程

美国高校学生事务管理系统是一种扁平化的结构，管理层级少、幅度大，分工精细合理，条状高效运行，在校一级设置了直接服务学生的机构和中心，使各管理部门对于学生多变的需求能做出快速反应，专业化程度高。而我国高校学生事务管理工作是一种条块结合的管理模式，管理层级多，突出综合化，专业性不强，信息传递效率偏低，运行成本偏高，而且对学生需求的反应偏慢。所以，我国高校可以借鉴美国的经验，精简机构，减少管理层级，增设校级学生事务管理中心，创建"一站式"服务大厅，直接面向全校学生提供服务和咨询。另外，当前部分高校学生事务管理工作的手段主要是行政命令式的，以规范、监控和惩戒为主，这就需要高校完善运行机制，研究制定工作细则、实施条例、评价考核办法、职业道德规范等。高校既应明确职责范围，还应规范管理方式、步骤和权力运行秩序，使高校学生事务管理工作有章可循、有法可依，避免管理运行的无序性、偶然性和随意性，保证管理行为的合法性和高效性，切实提高工作效率和服务质量。

（三）建立学生参与机制，强化民主管理

教育部颁布的《普通高等学校学生管理规定》是高等学校学生管理的政策依据。该规定明确指出，高等学校应当建立和完善学生参与管理的组织形式，支持和保障学生依法、依章程参与高校管理。同时，高等学校的管理制度要及时向学生公布，接受学生的监督，这既是学生事务管理的质量保障，又是促进大学生自我管理、自我约束、自我教育的有效方式。但目前，我国高校学生参与管理尚处于发展阶段，部分高校的学生可以参与对教师的评议和高校举办的咨询活动。高校要进一步推动建立学生参与管理的机制：一是完善高校校务公开制度，及时、全面地向学生公开高校的各项政策和管理措施、高校现状和发展战略、存在的问题等，使学生更加全面地了解高校的实际情况，为学生参与管理奠定基础。二是完善学生代表大会制度、校领导接待日制度、学生评教制度等，构建保障学生参与管理的长效机制。三是建立学生行使表决权和投票权的机制，充分发挥学生组织的作用，保证学生可以自由、民主地表达个人和群体意志，维护高校利益和学生权益，参与并影响管理决策。

（四）增设学生事务管理专业，搭建从业者培养平台

学生事务管理专业化的关键，是学生事务管理队伍的专业化。学生事务管理队伍是学生事务管理工作的运作主体，是学生事务管理工作专业化发展的重要保证，管理人员的素质直接影响高校学生事务管理工作的专业化进程。目前，一些高校专职学生事务管理工作者多为毕业留校学生和半路从事该工作的人员，他们对相关专业知识了解较少，难成体系。

近年来，国家高度重视学生工作和辅导员队伍建设，鼓励辅导员在职攻读思想政治教育专业硕士、博士学位，并采取一些切实有效的举措，优化工作队伍结构。但是，思想政治教育专业在培养目标、内容等方面，与学生事务管理的专业口径并不一致，不能替代学生事务管理专业。因此，我国高校可以借鉴国外的成熟经验，增设学生事务管理专业，为学生事务管理工作源源不断地培养包括学士、硕士、博士在内的多层次复合型专业人才。同时，高校还要完善培养体系，搭建从业者素质提升平台，加强对从业者的日常技能培训。高校还要大力推进专业协会组织和学术共同体的建设，引导和鼓励从业者进行学生事务管理的科学研究，并将研究成果付诸实践，逐渐形成一支既具有深厚理论基础，又具有丰富实践经验的专家型高校学生事务管理队伍。

（五）加强基础设施建设，提供校园环境保障

为学生的全面发展和健康成长创造一流的校园环境是学生事务管理工作得以顺利开展的重要保障。学生通过解读校园文化景观，可以潜移默化地受到教育。优化校园环境的重点在于加强教学和生活基础设施建设，具体来说，要求学生的生活场所理想舒适，功能多样化；实验设施先进齐备，便于操作；图书馆服务周到细致，图书资源丰富；高校医疗机构与校外社会医疗机构有效对接；校园网络方便、快捷，各类校内服务网站功能强大；等等。

我国高校学生事务管理的实践，在很大程度上借鉴了国外高校学生事务管理的理论和思想。基于我国的国情和大学生的个性特征，在构建学生事务管理模式的过程中，不能全盘照搬西方的做法，必须始终坚持大学生思想政治教育的主线。在此基础上，学生事务管理者应努力强化高校学生事务管理的服务功能，突出学生事务管理工作者的服务意识和法治观念，有力、有效地打造学生成长的平台。

第七章 我国高校学生事务管理保障机制

第一节 高校学生事务管理环境

环境对于任何管理活动而言都是至关重要的，高校学生事务管理亦不例外。如果高校学生事务管理的环境良好，管理活动就能有效开展，学生事务管理者的工作积极性和创造力也更容易被激发；相反，如果高校学生事务管理的环境不好，就会出现事倍功半的情况。因此，高校一定要因地制宜、因势利导，营造良好的高校学生事务管理环境。

一、高校学生事务管理环境的定义与特点

（一）高校学生事务管理环境的定义

对于环境的定义，不同领域、不同学者都有不同的理解。例如，罗宾斯认为，环境就是对组织绩效产生潜在影响的外部机构或力量，是组织生存发展的物质条件的综合体，它存在于组织界限之外，并可能对管理当局的行为产生直接或间接影响。当前，学术界更倾向于认为，环境是相对于某一事物来说的，是指围绕着某一事物并对该事物产生某些影响的所有外界事物。具体到管理环境，就是指影响管理活动的各种主客观因素的总和，包括时间、地点、条件、背景等。高校是在一定的环境中进行学生事务管理活动的，学生事务管理活动也只有在一定的环境中才能运行。

（二）高校学生事务管理环境的特点

高校学生事务管理环境与其他环境相比，有自身的特殊性，具体表现在以下几

个方面：

1.封闭性

从地理区域上看，高校学生事务管理环境具有封闭性。在我国，许多高校通过围墙等设施与外界隔离开来，形成了特定的环境区域。这种区域的封闭性使得高校学生事务管理活动主要在校园内进行，从而赋予了管理环境区域封闭性的特征。

2.特定性

由于高校学生事务管理主要涉及学生事务管理者和学生，因而学生事务管理环境也具有了特定性。也就是说，学生事务管理环境是由学生事务管理者与作为高校主要培养对象的大学生之间的相互作用和影响所形成的。

3.教育性

高校学生事务管理的出发点和落脚点在于育人，这就决定了高校学生事务管理工作并不单单是管理，还包括教育。管理必须围绕育人来进行，管理要以育人为核心，以学生的全面发展为根本，在具体的细节上能够尊重大学生成长的特点与规律。因此，高校学生事务管理的环境也就自然带有了教育性的特点。高校在创设此类环境时，必须遵循培养人才的规范和要求，满足教育性目标，并充分考虑学生的身心发展需求。

4.动态性

世界上没有哪一种环境是稳定不变的，社会在不断发展变化，高校学生事务管理的内容也在不断发生变化，因此高校学生事务管理的环境也必然是动态发展着的。这种动态性主要表现为以下几点：首先，从环境构成要素变化的频率来看，高校学生事务管理环境中的很多要素是经常变化的；其次，从环境变化的速度来看，高校学生事务管理环境中的有些要素变化速度较快；最后，从环境变化是否可以预测来看，高校学生事务管理环境的变化趋势往往不可预测。

二、高校学生事务管理环境的类型

从不同的依据出发，高校学生事务管理环境可以分为以下几种类型：

第一，依据高校学生事务管理环境的所属范围，可分为外部环境和内部环境。外部环境主要是指高校学生事务管理所面临的政治、经济、社会、文化等大环境。内部环境主要是指校园环境，包括自然环境、制度环境、文化环境和人际环境等。

第二，依据所属形态，高校学生事务管理环境可分为物质环境和精神环境。物质环境主要指校园内影响学生事务管理的物理因素，如建筑、景观、设备等。精神环境主要指影响学生事务管理的精神因素，如制度文化、观念文化等。

第三，依据功能结构，高校学生事务管理环境可分为舆论环境、工作环境和政策环境。舆论环境主要指涉及高校师生对社会重大问题、社会生活各方面、高校生存环境发展变化以及涉及师生利益的政策、措施、事件的意见总和。工作环境指高校学生事务管理活动进行的具体场所，有软环境和硬环境之分。软环境主要指校园文化、工作氛围等，硬环境主要指学生事务管理所依托的设备、仪器等。政策环境主要指有关高校学生事务管理的制度、政策的总和。

三、高校学生事务管理环境的营造

工作环境是高校学生事务管理环境的重要组成部分。营造良好的工作环境，能够帮助学生事务管理者缓解压力、增强合作，使他们的主观能动性和创造力得到最大限度的发挥。因此，高校必须注重营造良好的学生事务管理工作环境，尤其要重视工作设计和人文环境的营造。

（一）工作设计

工作设计是指管理者在分析工作相关信息（如工作的内容、方法、环境条件、人员素质和工作负荷等）的基础上，研究如何开展工作更能实现人员、工作、环境的最佳配合，更能实现组织的目标。在高校学生事务管理中进行工作设计，主要是为了使工作环境更能适应学生事务管理工作的实际需求。

1.工作设计的主要内容

第一，工作轮换。组织内的成员长期从事同一工作，特别是那些从事常规性工作的人员，时间久了会觉得工作很枯燥，缺乏变化和挑战。此外，很多人希望自己能够掌握更多工作技能，以提高对环境的适应能力。对于高校学生事务管理者来说也是如此。解决这两方面问题的一个很好的办法，就是工作轮换。工作轮换是指在高校学生事务管理工作中为学生事务管理者提供在各种不同工作岗位之间流动的机会。有效的工作轮换不仅能够给学生事务管理者带来工作的新鲜感，减轻他们因为重复某一工作而造成的职业倦怠和厌烦情绪，还能够拓宽学生事务管理者的工作领域，让学生事务管理者获得更多的管理经验，从而增强他们的工作适应性。

第二，工作丰富化。工作丰富化指纵向上工作的深化，是工作内容和责任层次上的改变。对于高校学生事务管理者来说，就是要承担更多的责任和义务，同时享有更大的自主权和控制权，以及拥有充分表现自己的机会。这种工作设计能够激励学生事务管理者，提高他们的工作效率和工作满意程度，降低他们的离职率和缺勤率。因为当高校学生事务管理者承担更多的责任和义务，拥有更多的自主权时，他们会有被重视的感觉，会因受到激励而加倍努力工作。

第三，实施弹性工作制。弹性工作制是指在完成规定的工作任务或在固定工作时间长度的前提下，员工可以灵活、自主地选择工作的具体时间，以代替固定的上、下班时间的制度。这种制度在很多企业中已经开始被执行。随着先进的管理理念在教育领域的渗透，这种制度也出现在了高校中。高校学生事务管理组织实行这种制度，能降低学生事务管理者的缺勤率、迟到率，提高他们工作的自主性和自由度，同时能大大提高他们的工作效率。高校辅导员就非常适合采用这种弹性工作制。在固定的工作时间内，辅导员要和其他高校工作人员一样正常上班，而在弹性工作时间内，辅导员可以自由安排自己的时间，只要保证工作顺利有效地完成就好。

2.工作设计的原则与技巧

工作设计应当遵循两个主要的原则：一是激励原则。这要求高校合理评估学生事务管理者工作内容的挑战性、工作的意义和价值，然后依据评估结果对学生事务管理者进行相应的激励，激发其工作的积极性和创造性。二是潜能开发原则。工作设计应当能够让学生事务管理者在新的挑战中工作，以便通过挑战使自己的潜能被开发出来。

工作设计也需要一定技巧，细心观察和主动探测就是其中最重要的两个技巧。

细心观察就是指高校的人事部门等应当创设条件，细心观察每个学生事务管理者对于各类岗位显示出的兴趣以及他们在工作中的表现，从而根据学生事务管理者的兴趣和能力进行工作设计。

主动探测就是指对那些平时不容易观察出其兴趣及能力的学生事务管理者，可以通过询问一些探测性的问题，调动他们的工作积极性。

（二）工作人文环境的营造

营造良好的高校学生事务管理工作环境，除了进行工作设计，还可以创建良好的组织文化，营造和谐有序的人文环境。

工作人文环境的营造需要重点关注以下几个方面：

1.实行人本管理

人本管理就是以人为本的管理制度和方式。对于高校学生事务管理来说，学生事务管理的内容包含诸多要素，如人、财、物、环境、信息等，但人是其中最主要的因素，因为学生事务管理面对的主要就是人。在开展学生事务工作的过程中，管理者应贯彻以人为本的思想，实行人本管理，营造出一种和谐的管理氛围，以取得较好的管理效果。

具体来讲，高校要关注学生事务管理者和学生的生存状态，尊重他们的生命价值、人格尊严，开发其潜能，促进其全面发展；要提倡团队精神、钻研精神、工作热情等，营造融洽、和谐的文化氛围。总之，高校要给学生事务管理者提供一个能够充分展示个性的宽松空间，允许学生事务管理者有不同意见。

2.构建良好的人际关系

人际关系就是人与人在交往中建立的直接的心理上的联系。在一个组织中，人际关系是必不可少的一项内容，人际关系往往对组织和群体的发展有着巨大的影响。对于高校学生事务管理者来说，人际关系的正确处理十分重要。高校学生事务管理者如果有良好的人际关系，往往能够营造一个民主公平、平等博爱、感情融洽的氛围，形成良好的工作人文环境。因此，高校学生事务管理者要注意构建良好的人际关系。

构建良好的人际关系既需要高校学生事务管理者自身努力学会并重视有效沟通，也需要高校建立有效的沟通联系机制，定期组织学生事务管理者参与座谈会、联谊会、茶话会等活动，并利用网络搭建沟通交流的开放平台。

3.发扬团队精神

高校要想发挥团队精神，就应当注意将学生事务管理者的价值取向和人生观念渗透到办学理念和教育管理理念中，给学生事务管理者提供一种安全感、归属感，从而让其产生对高校和学生事务管理工作的热爱之情，产生强烈的责任感。

4.构建并运用激励机制

在高校学生事务管理中，建立并运用激励机制要注意以下几个方面：

第一，以最大限度地调动学生事务管理者的积极性为核心。这就需要实施激励的工作人员注意了解学生事务管理者的需求，有针对性地进行激励工作。

第二，重视公平。美国行为科学家亚当斯提出了公平理论，他认为人的工作积极性的高低不仅与个人实际报酬的多少有关，而且与人们对报酬的分配是否感到公平有关。在工作中，人们会自觉或不自觉地将自己付出以及得到的报酬与别人进行比较，并判断这种分配是否公平，当发现自己的付出及报酬与别人差不多时，就觉得是正常的、公平的；否则，就会产生不公平感，失去工作的积极性。因此，高校要注重激励机制中的公平原则，科学地评估学生事务管理者的工作绩效和努力程度，公正、合理地进行激励。

第三，将物质激励和精神激励有机结合。激励常常分为物质激励和精神激励，二者是相辅相成的。精神激励需要借助一定的物质载体，而物质激励也包含一定的精神内容。高校学生事务管理者属于知识分子，对于他们来说，精神激励不可缺少。不过，精神激励不能与物质激励长时间脱离开来，因为那样既会降低物质激励的作用，也会削弱精神激励的作用。所以，高校在对学生事务管理者进行物质激励的同时，也要重视精神激励。

第二节 高校学生事务管理制度

制度常常以明确的要求和严格的约束条件规范着学生及学生事务管理者的行为，具有程序性和强制性，是达成学生事务管理工作目标过程中必须遵守的行为规范。加强高校学生事务管理制度的制定与实施是有效开展高校学生事务管理工作的重要保障，也是提高高校学生事务管理水平的关键性措施。所以，高校一定要对此高度重视。

一、高校学生事务管理制度的分类

根据不同的标准，高校学生事务管理制度可以分为不同的类型。

（一）根据学生事务管理领域分类

以学生事务管理领域为依据，高校学生事务管理制度可分为以下几种：

1.组织建设类管理制度

组织建设类管理制度主要包括与学生事务管理组织相关的管理制度和与学生党、团、学组织相关的管理制度。前者如《普通高等学校辅导员队伍建设规定》，后者如发展学生党员的相关规定、团员推优细则、学生会组织章程等。

2.思想政治教育类管理制度

思想政治教育类管理制度指与学生思想政治工作相关的各项管理制度，主要包括"两课"（指在普通高校开设的马克思主义理论课和思想政治教育课）教学相关管理制度、日常德育工作相关管理制度等。

3.日常管理类管理制度

日常管理类管理制度指对大学生日常学习、生活实施管理所依据的各项管理制度，如《普通高等学校学生管理规定》《高等学校校园秩序管理若干规定》等。

4.就业工作类管理制度

就业工作类管理制度主要包括与高校就业指导、管理与服务工作相关的各项管理制度，如就业指导课相关管理规定、高校就业派遣和就业推荐制度等。

5.心理健康教育类管理制度

心理健康教育类管理制度是指开展心理健康教育、咨询与辅导，进行心理健康状况筛查和危机干预等相关工作的管理制度，如《教育部关于加强普通高等学校大学生心理健康教育工作的意见》《普通高等学校大学生心理健康教育工作实施纲要（试行）》等。

（二）根据管理制度的性质分类

以管理制度的性质为依据，高校学生事务管理制度可分为政策性学生事务管理制度和规范性学生事务管理制度。

1.政策性学生事务管理制度

政策性学生事务管理制度主要以指导性、意见性内容为主，往往用相对抽象的语言指出相应管理工作应达成的目标以及应采取的方法。这种制度一般以"政策""意见""通知"等词汇命名，如《关于进一步加强和改进大学生思想政治教育的意见》等。

2.规范性学生事务管理制度

规范性学生事务管理制度是以规范性内容为主的管理制度，往往赋予相应管理对象明确而具体的权利和义务，一般以"法""规定""办法""细则"等词汇命名，如《中华人民共和国高等教育法》《普通高等学校学生管理规定》等。

需要注意的是，在某些时候，出于学生事务管理工作的需要，会出现一个学生事务管理制度包含多方面管理内容或多个学生事务管理制度在管理内容上有所交叉的现象，所以对于规范性学生事务管理制度和政策性学生事务管理制度的分类也并不是绝对的。

二、高校学生事务管理制度的制定

（一）高校学生事务管理制度的起草

在制定高校学生事务管理制度时，首先要面对的就是起草工作。

起草工作是有组织、有步骤的管理活动，首先应确定学生事务管理制度的内容意向，即管理制度的现实需求是什么，需要怎样的制度与之相配套。这些意向的来源可以是学生工作中的现实问题，也可以是即将需要规范调整的程序流程的技术问题等。

确定制度意向之后，应进行规范性文件的可行性论证，此时需要建立与工作情况相适应的文件起草组织，小组的成员应当具有代表性，并且应鼓励学生参与学生事务管理制度的起草和制定工作。可行性的论证过程需要小组成员在认真研究学生事务管理制度的基础上，提出需要解决的主要问题、可能采取的措施、需要进行调研的问题。在调研工作完成后，小组成员应及时进行研讨，以确定拟立的规范在整个学生事务管理体系中的位置。

确定可行性之后是起草阶段的主体部分，这部分的主要内容是建立规范性文件的主要框架，使主要制度条款成型，并在此前提下将内容全面化，确定草案的内容；此后便是文件排列逻辑的梳理、条款内容的合并加减等；最后要对制定好的高校学生事务管理制度进行全面的审查，形成规范性文件的草案。

（二）高校学生事务管理制度的完善

在具体制定学生事务管理制度的过程中，为了完善管理制度，要特别注意以下四点问题：

第一，学生事务管理制度的规范性问题。形式和内容的规范性是制定学生事务管理制度首先应注意的问题。作为约束或指导学生事务管理者及广大学生行为的文件，自身的规范性是学生事务管理文件能够产生效力的重要前提。形式上的规范主要指保证学生事务管理文件形式的规范。文件应当采取固定的结构层次和格式，如一般的规范性管理文件由目的、基本原则、权利和义务、基本步骤、附则等构成；制度文件中的语言应简练、规范，应使用书面语言来描述，杜绝口语化现象。内容上的规范主要指保持学生事务管理文件内容的规范。内容上的规范要求制定的学生事务管理制度有科学的依据以及不违反上位管理文件的规定。高校应谨慎处理各方关系，做好充分调研，不得超越制定制度的权限。

第二，学生事务管理制度的可行性问题。高校制定学生事务管理制度是想让其发挥应有的作用，所以制度必须具有可操作性，便于执行。具体来说，首先，制度内容应当简明、准确、具体，避免空话、套话。否则，规范对象不容易理解，执行起来也会有一定的困难。其次，文件规定或指导性意见应当符合实际。总之，要杜绝一切不合实际的要求或指导性意见。

第三，学生事务管理制度的动态性问题。高校学生事务管理制度一般来说是具有一定的稳定性的，如果经常变更，则不利于管理者执行，也不利于发挥制度的作用。但是，这并不意味着制度一经制定就不能改变。随着时代的变迁和社会中一些其他因素的变化，社会会对高校学生事务管理提出新的要求，此时就需要高校学生事务管理者进行相应的调整，以使制度符合现实发展。另外，就高校自身来说，不同时期、不同阶段的高校、学生、管理者往往有不同的特点，这就要求规章制度也相应地发生变化，也就是说，高校学生事务管理制度的制定要遵循动态性原则。在贯彻这一原则时，要尽可能用动态的眼光来提出相关要求和指导性意见。

第四，学生事务管理制度的追溯力问题。法律的追溯力是法学中经常谈论的一个话题，是指法律颁布实施后对其颁布实施前的人或者事是否有效力。如果有追溯力的话，就违背了法律的公平正义原则，所以不得制定有追溯力的法律。在学生事务管理制度的制定过程中，某项学生事务管理制度必须待其正式公布实施后方可适用。在某些特定情况下，其真正意义上得以适用的日期可能远滞后于其公布实施的日期。所以，也不应当制定有追溯力的学生事务管理制度。

三、高校学生事务管理制度的实施

高校不仅要加强学生事务管理制度的建设，而且应当采用恰当的方法将其贯彻实施。只有将制度运用于实践，才能发挥其真正的作用。因此，高校学生事务管理制度的实施极为重要，它直接影响着学生事务管理的质量与效果。

（一）政策性学生事务管理制度的实施

高校在实施政策性学生事务管理制度时，应注意通过以下重要举措来更好地达到实施的目的。

1.开展文件宣讲活动

高校政策性学生事务管理制度要想得到很好的实施，首先应当让适用对象对制度内容和制度精神有充分的认识和理解，这就需要高校积极开展文件宣讲活动。宣讲的主要方式有举办专题培训班或研讨班；组织多种多样的学习专题会、报告会、座谈会；运用电视、广播、网络等媒体设计专题活动，全面宣传新制度的主要内容、出台背景、过程、重要意义；等等。

2.制定可行方案

为了保证政策性学生事务管理制度中的指导性意见能够得到无障碍的执行，高校还应制定具有可操作性的方案，在方案的指导下稳步实施。在制定方案时，首先要分解任务目标，其次要制定具体方法，最后要推敲相关细节。

3.做好绩效评估

实施政策性学生事务管理制度应当做好绩效评估工作，这是增强实施效果的一项重要措施。同时，它也为更好地实施其他政策性学生事务管理制度提供了重要参考。

绩效评估的方法既有客观的评估方法，也有主观的评估方法。

客观的评估方法就是量化的评估方法，主要通过对实施制度所采取的措施进行数据统计和对比分析，得出评估结果。这种评估方法更适用于以管理和服务为主要实施目的的政策性学生事务管理制度。

主观的评估方法就是定性的评估方法，主要通过个别访谈与问卷调查形式，对实施制度所采取的措施进行评估，得出评估结果。这种评估方法更适用于以教育为主要实施目的的政策性学生事务管理制度。

（二）规范性学生事务管理制度的实施

规范性学生事务管理制度的实施与法律的适用过程有些类似，实施时一般按照以下几个环节进行：

1.明确实施主体

这是实施规范性学生事务管理制度的首要步骤，主要任务就是明确制度中的某项规范性管理内容到底由哪一主体来执行。

一般来说，规范性学生事务管理制度的实施主体有多个，如高校就业指导中心、团委、院（系）学生工作部等。当然，在一些情况下，班级学生干部也是规范性学生事务管理制度的实施主体。上述主体一般通过解释规则、实施管理、接受申请、组织推选评定等方法来执行制度。

2.明确实施程序

实施规范性学生事务管理制度应当按照一定的程序来进行，以避免混乱的过程影响实施效果。这就需要高校在明确实施主体的情况下，先确定好学生事务管理制度实施的程序。这里所说的程序并不是固定的、统一的，应当根据不同的制度灵活确定。

有些学生事务管理程序已有明确的上位规定，那么就要严格按照该上位规定的程序来实施，如党、团组织建设的相关规定，须严格按照党章、团章及相关管理规定实施；有些学生事务管理程序并没有明确的上位规定，但在实践中已经形成约定俗成的做法，如奖助学金评定程序可以按约定俗成的做法实施；有些学生事务管理程序不明确，还在摸索阶段，那么可以根据实际情况确定科学合理的实施程序。

3.做好制度文件的公示工作

规范性学生事务管理制度只有在正式公布实施以后才能适用，因此学生事务管理制度实施的前提就是公示。公示的目的主要是让制度所规范的对象对制度内容有较为清晰的认识和较为深刻的理解。只有在真正理解的基础上，个体才会在日常生活中自觉地约束自己的行为，按规定做事。要想做好制度文件的公示工作，高校需要做到以下三点：

（1）搭建公示平台

这是指通过多种有效途径，如公告、网络、班团组织等为规范性学生事务管理制度搭建公示平台，促使该制度在计划的时间内公开。

（2）进行文件汇编

为了让学生事务管理制度的适用对象更系统、更方便地学习和理解制度内容，高校应汇编各种学生事务管理规章制度，制成小册子，并发放下去。比如，很多大学都是在新生入学的时候，向新生发放学生手册。

（3）开展相关学习活动

为了让学生事务管理制度的适用对象以更快的速度了解和掌握规范性学生事务管理制度，高校可以积极组织适用对象参加诸如规章制度学习主题班会、规章制度知识竞赛等活动，促使他们学习。

在实施高校学生事务管理制度的过程中，管理者还应高度重视以下几个方面：

第一，宽严结合。在学生事务管理制度的实施过程中，管理者要注意既不能简单地用行政命令来强制学生执行，也不能仅依靠学生的自觉性来放任自流，而要做到宽严结合。管理者应做到有法必依、严格执行，充分体现规章制度的严肃性与约束力。当然，制度的实施也不能过于严格，否则会阻碍大学生的发展。

第二，奖惩严明。在高校中，适当的奖惩往往能够引导学生的思想，约束学生的行为，促进学生的健康成长，因此在实施学生事务管理制度时，管理者也要注意合理使用奖惩手段，并且奖惩一定要严明。也就是说，对于那些能够很好地执行制度的学生，要及时给予一定的奖励，树立典型，从而发挥以点带面的作用；而对于那些违反制度的学生，则要给予必要的处罚，从而保证规章制度的严肃性。

第三，自觉行动与检查监督充分结合。大学生基本都已是成年人，所以按制度办事应当是一种自觉的行为。但是大学生的心理发展趋于成熟却还未完全成熟，自制力还不是很强，所以制度的执行还不能完全依赖大学生的自觉性，还应当有必要的检查与监督。只有将自觉行动与检查监督充分结合，高校学生事务管理才能有更好的效果。

第八章 新时期高校学生事务管理实践

第一节 重视文化建设，培育"工作室"模式

高校辅导员是大学生健康成长的指导者、学习求知的引导者、心理健康的疏导者，是新时期大学生思想政治教育和学生事务管理的骨干力量。基于高校辅导员特殊的角色定位与岗位职责，高校辅导员队伍的基本素质，尤其是其文化素养与品位，对培养高素质的大学生起着至关重要的作用。将辅导员队伍建设作为高校学生事务管理创新的切入口，既是时代发展的必然要求，也是提升辅导员综合素质、优化学生事务管理的落脚点。其中，辅导员工作室作为高校辅导员队伍建设的新载体，近年来已经焕发出生机和活力，对于创新高校学生事务管理模式有着重要启示。

一、"工作室"模式的基本特征

辅导员工作室普遍具备团队特征，有目标，有组织，有机制，既能发挥集体优势，又不失个人风格；辅导员工作室注重挖掘成员的优秀潜质，着力于打造一批更具专业信念、知识和能力的优秀辅导员；辅导员工作室能够实现资源共享，为全面提高学生思想政治工作、学生事务管理工作的质量打下坚实基础。

（一）辅导员工作室普遍具备团队特征

"辅导员工作室"作为一类"工作室"，不可能仅由一两个人组成，或缺乏目标、组织混乱，而应该是一个基于主观或客观共同特征所形成的共同体或团队。

首先，辅导员工作室有目标、有组织。成立辅导员工作室的根本目的在于推进学生工作队伍建设，通过平台的搭建，发挥名师的示范、引领作用，促进团队成员的成长与进步，提高学生思想政治工作的发展水平。为了保障这一目标的实现，辅导员工作室一般都有严格的成员准入条件和申报考核程序，有明确的发展规划和培养方案。

其次，辅导员工作室注重规范运作。一是每个工作室都有一个能够发挥示范、引领作用的导师，指导青年辅导员的成长，促进青年辅导员专业素质的提升；二是有独立运作的推进机制，设有包括日常管理服务工作的目标管理责任考核体系，责任落实到包括负责人在内的工作室所有成员，贯彻落实学期或学年工作规划；三是有信息反馈、过程共享的促进机制，要求成员定期阅读相关的理论期刊、书籍，撰写读书心得，并组织优秀学员评选；四是有定期活动的常规机制，能够定期开展相关的主题教育活动。

最后，辅导员工作室是一个既重视集体优势，又不失个人风格的共同体。每个工作室都有一个"灵魂人物"，这个"灵魂人物"或者有独特的工作方法，或者有特别的人格魅力，或者有强大的资源统筹能力。这些特质使每个工作室都能够在一种团队文化的支持下，在彰显团队身份、凝聚团队力量、发挥各自特长的基础上，既注重发挥整体效能，又推动团队的协同合作，以培养一批充满热情、理念先进、素质过硬的辅导员队伍为使命。

（二）辅导员工作室注重挖掘优秀潜质

辅导员工作室不是一个普通的辅导员的成才平台，辅导员工作室注重发挥优秀辅导员的标杆、示范、引领作用，借助交流与共享机制，达到较高的合作层次，确保充分挖掘、提炼、培育和发挥好每个成员成为优秀辅导员的潜质。因此，辅导员工作室一方面，应该依托网络平台，通过开展课题研究、教学研讨等活动，充分挖掘、培育、提炼成员的优秀潜质；另一方面，也应要求每一个成员依据团队发展目标和自身规划，依托自身专业背景、兴趣爱好，提高自身的主动性，既能融入团队建设，又能发展自身专业力量，努力实现有团队特色的专业成长。例如，提倡学员阅读相关专业著作，撰写心得体会，提升专业认知；组织学员围绕特定主题开展学习、研讨、交流活动；鼓励学员定期就相关问题发表论文，做到观点鲜明、论证充分、逻辑清晰，确保论文的价值；组织学员每人做一次主题报告，或是分享学习心得，或是分享研究报告，配合其他互动研讨、专家报告等活动；经常组织工作室成员开展与学生事务有关、强调个人专业能力的科研活动，定期交流研究成果，实现资源整合、研究深化。

以上挖掘辅导员优秀潜质的举措，能够进一步提升辅导员的专业素质。具体表现为：一是辅导员更具专业化的信念，这是与非专业人员最重要的差别；二是辅导员具备更多的专业知识，突破工作室个别成员包括指导教师的专业限制，从而促进辅导员不断地自我学习；三是辅导员具备更专业的能力，如应对能力、反思能力、科研能力等，从而让辅导员不断适应变化着的环境，提高自身的专业化水平。辅导员工作室不仅要成为优秀辅导员的发源地，而且要成为未来优秀辅导员的聚集地和孵化地。

（三）辅导员工作室能够实现资源共享

与以往局限于高校、院系的辅导员工作不同，在新的时期，辅导员工作可以具有更多的社区、属地特性。在大学园区，不同高校、院系的学生聚在一起，通过搭建区域性共用交流平台，可以较为便捷地实现不同专业、院系、高校辅导员之间的资源共享，进一步增强辅导员自主发展的特性，为提高辅导员从事学生工作的质量打下坚实基础。辅导员工作室进行资源共享主要有以下几种措施：

一是建设网络平台。利用高校教学、生活区域相对集中的特点，通过与学生的日常交流了解学生的实际需求，借助网络信息技术，及时分享各专业领域的最新工作动态与研究成果，定期举行在线交流、研讨，为工作在一线的教师提供支持。

二是丰富活动内涵。在专业指导方面，可以跨学校聘请重要师资开展一线指导，帮助学员掌握本领域的前沿理论和科学研究方法等；在具体实践领域，可以通过案例分析、情景模拟、观摩交流、小组沙龙、互动参与等形式，开展具有实际效果的探讨交流活动。

三是强化辅导员工作的体制机制建设。要将工作室建设作为学生事务管理的重点内容，高校分管领导、院系领导要经常性地实地调研，发掘和培育典型，及时把握发展方向；工作室的优秀辅导员要切实发挥引领作用，在把方向、聚资源、增实效上提供典型示范；其他工作人员要参与协作，认真做好组织、联络、服务工作。

二、"工作室"的操作规范

作为注重发挥优秀辅导员个体引导和示范作用的机构，辅导员工作室的高效有序运行，离不开一套相对系统、规范的操作指南。

（一）基本任务

辅导员工作室以推进素质教育实施为根本，以提升辅导员素质为目标，注重个体间的交流引导效果，通过优秀辅导员的示范引领，建立辅导员在一线成长的工作机制，个性化解决学生发展过程中的实际问题，促进辅导员队伍整体素质的提高。

（二）机构组建

辅导员工作室充分发挥优秀辅导员导师的引导作用，给予优秀辅导员导师较为充分的授权和支持，由其依据规范甄选学员。

1.导师的确立

辅导员工作室的导师一般从在职的优秀辅导员中产生。具体要求包括热爱学生思想政治工作，乐于奉献，善于学习；理念先进，主动进行学生思想政治工作的研究和实践，具有较强的工作能力；有一定的组织、管理和指导能力，以及强烈的自我完善、自我突破、自我发展的愿望等。符合条件的优秀辅导员可向学生工作处（部）等相关管理部门提出申请，并提交一份工作室方案。工作室方案主要包括研究项目、工作规划、培养目标、培养措施及时间安排等。对于优秀辅导员提交的方案，学生工作处（部）等相关管理部门在组织有关专家进行讨论后，经高校学生工作领导小组审定，确定相应的优秀辅导员工作室导师。

2.学员的产生

辅导员工作室的学员须热爱学生思想政治工作，从事学生思想政治工作1年以上，基本确保2年内岗位不变动。学员可自主申请加入工作室，导师可在申报的人员中选择1～2名作为本工作室的学员。其他条件可由主持工作室的辅导员导师确定。

3.工作期限

优秀辅导员工作室的运作周期通常设定为两年。

（三）工作职责

1.导师

辅导员工作室导师的工作职责包括全面主持辅导员工作室工作；负责制订辅导员工作室的工作计划和学员培训计划；负责学生事务管理基础知识的传授，引领学员提高综合素质；负责指导、开展学生思想政治教育和学生事务管理研究，提供具有学术价值的、旨在提高辅导员工作水平的研究论文、调查报告、研究报告等；负责学员的考核、评估和评价工作，建立学员档案；负责总结自身工作经验和辅导员工作室工作经验，推广经验，传播先进工作理念；根据需要参与全校辅导员培训工作，接受高校相关管理部门的指导、检查、评估，向主管部门汇报工作，并做出书面总结。

2.学员

辅导员工作室学员的工作职责包括听取导师指导，接受导师检查评估，向导师汇报工作，做出书面总结；积极参与辅导员工作室的各项工作，参加各类研究活动；认真学习思想政治工作理论，努力提高辅导员基本功；积极探索和改革学生思想政治教育与学生事务管理工作，在学习期间有较大的发展和提高。

（四）保障措施

1.组织保障

成立"辅导员工作室领导小组"，以加强对辅导员工作室的领导和管理，一般由学生工作处（部）、团委等相关学生工作部门的同志组成，负责辅导员工作室的命名、协助遴选学员、审核和下拨优秀辅导员工作室的经费等工作，并协调相关部门积极为工作室创造良好的工作条件，提供相应的保障。

2.经费保障

为使辅导员工作室顺利开展工作，高校为每个优秀辅导员工作室提供专项经费，经费实行专款专用，主要包括添置促进学科发展的相关报刊、书籍费，日常办公经费，科研、课题经费，聘请专家、学者的授课费，与培养工作有关的培训、交流、考察费，等等。

三、"工作室"模式的发展趋势

辅导员工作室是推进辅导员专业化、职业化发展的有效载体。如何进一步加强辅导员工作室建设，发挥辅导员工作室的辐射、示范、标杆作用，推动辅导员的能力建设和辅导员工作方法创新，引领和带动高校学生事务管理工作的实践和发展，是值得进一步思考和探索的课题。

（一）整合资源，提高工作室成员的能力

1.以专题研究为着力点，提高能力

专题研究能够提高辅导员发现问题、分析问题和解决问题的能力，是辅导员提高业务能力的重要依托。要尽量避免没有着力点、浅尝辄止的一般研究，注重科研的质量。具体措施如下：一是组织学员集中学习，围绕一个主题，研讨相关领域专家的研究成果。二是鼓励成员自选专题，选择合适的切入点，检索并研读相关的文献，撰写有创新、有专长、有影响、有超越的研究论文。三是组织互动交流，分享研究成果，"以一篇带一组，以一人带多人"，有效提高学员发现问题、分析问题和解决问题的能力。

2.以参赛评比为驱动力，检验实效

近年来，随着对辅导员专业化、职业化发展的重视，各类辅导员评比应运而生。各类比赛既是检验辅导员日常经验积累和业务能力素质的一次考验，更是激发辅导员挑战极限、展示自我的重要机会。尤其是对于处于专业水平提高重要节点的潜在优秀辅导员，参与此类活动，不仅能检验自身的专业能力，而且能收获常态工作无法给予的体验、感悟。辅导员工作室应积极鼓励、大力倡导学员参与各类评比活动，给予参与学员及时、有效的帮助，并为其他学员提供力所能及的支持。

3.以信息技术为亮点，打造特色

充分运用现代信息技术，为工作室增添发展利器。一是通过信息技术做好工作台账、案例积累和情景分析，深化专业课题研究。二是运用信息技术进行业务创新，优化学生事务管理程序，提高学生事务管理实效。三是提升工作室成员的信息技术素养，帮助他们熟练使用相关软件，提高工作效率，使成员的跨越式发展成为可能。

（二）营造氛围，推动工作室实现文化育人

1.以协作文化滋养人

每个工作室都有其特定的文化，这一文化由团队长期积累、协同合作凝聚而成，并影响着团队的发展。因此，营造一种健康、积极、向上且富有特色的辅导员工作室文化氛围，尤其是引导工作室成员逐步认同和践行工作室文化价值观，将协同合作精神渗透到工作室的各项实践中，有助于提高工作室"文化育人"的成效。例如，在每一项具体实践中，都要倡导成员的团结协作，认真挖掘成员间的个性与互补优势。同时，要积极引导工作室成员改变点状思维、割裂思维，转变为整体思维、辩证思维，做到既可以从各自专业背景角度分析问题，也能够从个性需求、公共利益等角度深入分析个案，能够发现事物间的普遍联系。同时，以制度性的平台沟通为基础，支持成员间开展思辨讨论，不断强化团队意识和文化熏陶。

2.以榜样文化影响人

发挥工作室中优秀辅导员的专业发展和成长足迹对成员的影响、感染、示范作用，对辅导员的专业化、职业化发展具有更为直接的教育和指导意义。一方面，优秀辅导员不断摸索、探求新知的率先示范，既为工作室其他成员提供了明确的目标导向，又能够激发工作室中的年轻成员更大胆地参与其中；另一方面，优秀辅导员在探索过程中的各类挫折和教训，可以让其他成员自觉自省，避免发生类似错误。通过多场景的示范和引导，优秀辅导员的经验探索无疑会在潜移默化中转化为影响其他成员成长的重要因素。

3.以个性文化唤醒人

不懈探求真谛的职业自觉和对专业水平的自我认同是优秀辅导员不可或缺的品质。为此，工作室应激发每个成员的职业热情，通过搭建成长和交流的平台，鼓励成员大胆发表自己的意见，让成员在此过程中自我肯定、自我欣赏，从而自觉地选择适合自己、可预期的成长途径。同时，工作室成员间的差异和个体的丰富性更能够促进工作室群体水平的提高。因此，辅导员工作室要尊重个体的独特性，在具体分配任务时，因才设岗，帮助成员找到各自的定位；在进行专业指导时，结合成员的特长有针对性地给予建议，既能帮助成员发展优势，又能弥补成员的不足。

第二节　倡导自主参与，打造"参议制"模式

承认并尊重学生的参与权是高校学生事务管理工作民主化进程加快的重要体现。随着高等教育改革的推进，学生参与管理日益成为高校学生事务管理创新发展的重要内容。在实践层面，在与学生个体权益密切相关的制定和修改管理制度、出台改革方案、决定学生违纪处分、开展相关主题教育活动等问题上，越来越多的高校以听证会、公开征求意见等形式，听取并采纳学生的合理化建议，有效推动了高校学生事务民主决策和科学管理的进程。

一、"参议制"模式的基本特征

（一）学生参与高校管理彰显高校管理的民主

扩大学生的有效参与凸显了学生在高校管理中的主体地位，推动了高校的民主化进程，促进了校方与学生之间的良性互动，提高了管理的效率和品质。学生通过参与高校学生事务管理，平等地与校方开展沟通和交流，既能充分表达并让校方获悉自身的利益诉求，又能清晰把握、理解校方的管理意图与目的，监督校方合法、正当地行使管理权，有效彰显了高校管理的民主性、服务性。

（二）学生参与高校管理提高管理运作的效率

在一些直接或间接涉及学生利益的管理决策制定的过程中，学生通过积极参与，与高校保持良好的沟通，平等地向高校表达自己的意见与主张。一方面，学生可以感到自身的主体地位得到认可，自身利益得到尊重；另一方面，通过持续的自我管理、自我服务的锻炼，学生自身的能力也得到了进一步提高。因此，相较于过去"高校出决定、学生照执行"的管理模式，学生参与模式下的管理决策更能得到学生的认可与拥护。学生的广泛参与，尤其是学生不同主张的充分表达和各种利益的综合平衡，有效地减少了学生的不满情绪和抱怨行为，提高了高校管理的运作效率。

（三）学生参与高校管理重在塑造现代公民素质

形成主体意识、提高参与能力是现代公民应具备的基本素质。学生参与高校管理，在其成长的关键时期确认社会主体资格，发挥自己的聪明才智，为高校管理出谋划策，更强化了学生内心的主人翁意识，弱化了学生对校方的疏远感，有利于学生养成主动参与一般社会事务管理的习惯，成为对公共事务关注度更高、感觉更敏锐、兴趣更强烈的现代公民，并在此基础上获得不断进步的力量。总之，在浓厚的民主氛围和规范的民主管理模式下，学生通过参与高校管理获得了自我教育与自我提升，促进了现代公民素质的养成。

二、"参议制"模式的基本路径

（一）赋予学生参与决策的权利

科学决策以及程序民主是高校民主决策的重要保证，只有在参与的广度上集思广益、在参与的深度上深思熟虑，才能最大限度地克服由决策主体能力不足、知识有限造成的不良影响。任何涉及学生主要权益的管理决策，在程序上都有程序合法的基本要求，高校要保证学生有机会实际参与到决策中，并能对决策的形成产生积极影响。管理部门在制定管理制度时，要始终坚持"以公开为常态、不公开为例外"的原则，尊重学生主体地位，在制定制度的重要环节，广泛征求、采纳管理相对人的意见，确保管理服务对象能够实际参与到制度的制定当中。高校在对违纪学生做出处分决定之前，应切实尊重学生提出意见、申诉和要求复议的权利，确保学生能够享受并行使这些权利，而非被动地接受处分。

（二）赋予学生参与管理的权利

除了尊重并赋予学生参与学生事务管理的权利，高校还应重视塑造和培养学生自我管理、自我服务的意识和能力，在图书馆、教学楼、实验室等学习场所，餐厅、宿舍、活动中心等生活场所设置管理岗位、创设服务项目，为学生参与高校学生事务管理提供充足的机会。

（三）明确学生参与的基本方式

在高校管理实践中，学生参与决策和管理的方式并不是单一的、固定的，而应根据具体的管理需要，有所设计，勇于创新。

1.培育学生参与高校管理的自治组织

为了避免学生的合法权益受到侵害，确保学生的利益诉求得到表达，高校应该有目的地引导学生自发组建相关组织，使学生有权参与到学生事务管理中，参与讨论、制定或者审议高校管理部门制定的与大学生利益相关的各类决策，提出意见和建议。比如，围绕校区宿舍管理、网络管理、餐饮管理等主题，积极支持组建学生自治组织，及时汇总学生的意见和建议，让其参与相关管理，提高学生解决问题的能力。

2.发挥学生会参与管理决策的支持作用

大学的学生会是高校、教师与学生间沟通、交流的主要桥梁，要充分发挥其支持作用。学生会要能够代表学生积极参与学生事务管理过程，及时反映学生的意见和要求，大力倡导学生以自我教育、自我服务的精神积极参与相关事务。同时，各个管理部门也要注重依托学生代表大会这一平台，及时收集、归纳学生代表的意见和建议，协助高校及时处理与答复。

3.搭建学生参与高校管理的信息平台

运用现代信息网络技术及辅助设施，建立高校管理网络新平台，建立师生平等、互动的新型关系。这样不仅为学生参与高校管理提供了可能，而且可以促进师生间的沟通与交流，畅通高校与学生间的信息渠道。依托这一新的平台，高校学生事务管理者可以就热点问题与学生展开讨论和交流，既有利于学生发表自身的意见，也有助于管理者了解学生的合理化建议，提高民主管理的效率。

三、"参议制"模式的发展建议

（一）扩大学生参与高校管理的共识

在学生所关心又涉及学生利益的事务上，要充分吸纳学生参与并听取他们的意见。学生思维活跃，具有创新性，在高校科研决策、制定改革方案等问题上吸纳学生参与，听取学生意见，能为高校发展注入新鲜活力与创新力量。

（二）提高学生管理工作者的素质

一支高素质的学生工作队伍，能以其能力、阅历引导学生在参与的方式、途径上减少失误和挫败感，是带动学生参与管理并取得实效的重要因素。因此，要从以下方面提高学生管理工作者的素质：第一，加强管理者的专业化建设，提高管理者的知识水平和学历层次；第二，完善管理者的人格品质，确保管理过程公平、公正；第三，管理者应有丰富的工作阅历与经验，在实践活动中多锻炼，认真总结经验教训，确保遇到问题时成熟镇定。

（三）完善制度保障

当前，学生事务管理创新仍处于探索阶段，各高校应根据自身的情况，切实加强制度建设，让学生在制度保障下提高自身权利意识。要有意识地扩大学生团队的管理权限，积极为学生参与管理提供保障，并为他们提供财力支持和具体指导，在一定程度上解决学生参与高校管理的认知困境。

第三节 提高服务质量，推广"一站式"模式

近年来，随着高等教育大众化进程的不断加快，学生法治与维权意识的不断增强，以及各级政府"一站式"行政服务中心模式被实践证明行之有效，一些高校陆续推出了学生事务"一站式"服务模式，如"学生事务服务大厅""学生事务服务中心""阳光大厅"等，将分属不同部门的业务受理点集中到一个统一的平台上，一方面推动学生事务管理职能从单纯管理向管理与服务并重转变，通过流程再造与优化，为学生提供优质、便捷、高效的服务；另一方面借助高效的信息采集系统、完备的数据库等，为学生事务管理决策提供信息保障和决策支持。

一、"一站式"模式的基本特征

学生事务"一站式"服务是一个新生事物，是学生事务管理模式的新尝试，是学生工作职能的重要转变，是以人为本办学理念的集中体现。

（一）服务内容的针对性和科学性

从服务内容上看，要重点考察服务的针对性和科学性。考量、评估学生事务"一站式"服务是否注重对学生服务需求的分析；能否将满足学生的需求、促进学生的发展、服务学生的成长成才作为服务内容设计的出发点；是否注重对学生群体特征的研究；能

否抓住当前多元文化影响下青年学生的新特点进行服务内容开发，确保学生能够办好自己想办的事，了解自己想知道的信息。

（二）服务流程的效率性和便捷度

从服务流程上看，要重点考察服务的效率性和便捷度。考量、评估学生事务"一站式"服务是否注重学生工作规律性的研究；能否根据精益化管理的理念，进一步优化工作流程，而不是仅仅把源于不同部门的服务项目简单地汇总在一起；是否重视学生工作职责的梳理；能否遵循资源共享的原则，进一步汇总、整合服务资源，根据不同的服务性质与类型，在"一站式"服务平台设立固定或阶段性服务窗口，有效解决目前校区规模扩大、学生机构分散、学生四处找人、四处找办事机构的情况。

（三）服务保障的规范性和完备度

从服务保障上看，要重点考察服务的规范性和完备度。考量、评估学生事务"一站式"服务是否注重制度规范的设计；能否根据精益化的原则，制定较为完善、详细的工作职责和工作人员行为规范，落实管理责任制，确保工作人员立足本职岗位，将教育、管理贯穿到服务中去；能否根据绩效管理的原则，出台较为科学的反馈、监督和考核机制，重视对服务成本、服务效率与学生满意度的调查和评估，做到信息公开与透明，提高高校学生事务管理工作的质量与管理者的服务形象。

二、"一站式"模式的实践思路

（一）学生事务"一站式"服务的核心理念

学生事务"一站式"服务秉持"以学生为本"的基本理念和"一切为了学生的发展"的根本宗旨，倡导和贯彻"以学生为中心"的服务理念，通过规范管理、优化服务，为学生的学习生活提供高效、便捷的服务，有效促进学生成长成才。

1.把尊重学生成长需要作为管理的目标

高校学生平等地享有与教工一样的地位和人格尊严。尊重学生，就要承认并正视学生在学习进步、职业发展、身心健康等方面的需求。学生事务"一站式"服务就是秉承努力为学生提供良好的学习生活条件、提供优质高效服务的原则,尽量照顾到学生的各种发展需要。

2.把深入了解学生状况作为工作的出发点

随着高等教育国际化进程的加快,大学生的思想、心理以及需求呈现多元化的发展趋势,尤其是更具鲜明特征的"00后"学生的出现,给学生事务管理工作带来了全新的挑战。只有注重了解学生的思想、心理特征以及多元化的发展需求,以学生需求和身心特点来设计、确定服务的内容和形式,才能提高工作的针对性,保证服务的质量。此外,还要关注学生对服务的满意度,通过开展学生满意度调查,将学生的意见作为改进工作的重要依据。

3.把发挥学生主体作用作为工作的着力点

随着学生自我意识的觉醒,尤其是学生"教育消费者"和"高校权利主体"地位的确立,高校学生事务管理越来越重视将学生纳入管理的主体,引导其参与到学生事务管理决策的制定和落实当中,注重发挥学生的主动性和创造性。越来越多的高校明确规定在各类学生事务管理机构中设立学生代表席位,确保学生在这些领导决策机构中发挥作用。

(二)学生事务"一站式"服务的机构设置

高校学生事务"一站式"服务模式的运行,一般由高校党委学生工作部或者校学生处、学生事务中心等归口职能部门负责,相关职能部门如团委、教务处、保卫处、宿舍管理中心、招生就业处等配合。

组建学生事务"一站式"服务领导小组,由高校分管学生工作的校领导任组长,相关职能部门负责人任组员,主要职责是研究、制定高校学生事务"一站式"服务中心建设的总体方案以及具体工作规划。

"一站式"服务办公室作为领导小组的办事机构,负责服务平台的日常建设管理工作。其主要职责是建立健全平台建设和发展的规章制度;协调相关部门内设各服务窗口;按照评估指标体系,对平台内各个窗口实施考核;采取问卷调查等方式收集和整理学生对平台各窗口服务质量的反映,切实发挥监督作用。

（三）学生事务"一站式"服务的人员配备

高校学生事务"一站式"服务模式的具体工作人员，既可以由相关职能部门的人员担任，也可以由经过统一培训后上岗的勤工助学学生担任。

在前一种人员构成中，被派出的工作人员的身份隶属于原职能部门，其作为派出机构的代表，接受原职能部门和服务平台的双重领导，"一站式"服务平台管理其日常事务，原职能部门领导其业务工作。

后一种人员构成主要是吸纳学生参与其中，让学生服务学生，既发挥了学生参与管理工作的主动性和创造性，又避免了双重领导可能带来的效率低下问题，同时也增加了高校学生的勤工助学岗位。例如，西南交通大学在每学年初会通过笔试、面试、综合能力测评等环节，选聘一批家庭经济困难的学生担任学生事务咨询员，并通过"岗前培训—岗上体会—岗后总结"的模式来构建队伍建设、流动和服务机制。

目前，也有部分高校学生事务"一站式"服务的人员配备由职能部门的专职工作人员、勤工助学学生共同组成，有效弥补了单一人员组成的不足，发挥了组合优势，取得了良好的效果。

（四）学生事务"一站式"服务的职责功能

围绕"帮助学生成才、解决学生困难、方便学生办事、维护学生权益"的目标，高校学生事务"一站式"服务的职责功能由管理型向"教育、管理、服务"并重型转变，主要包括受理日常事务，办理与学生息息相关的帮困助学、权益维护、学务管理、就业派遣等事务，提供咨询和指导，及时解决学生思想上的问题、学习上的障碍、生活中的困惑以及升学的迷茫，促进学生全面成长。

比如，宁波大学的学生事务服务大厅设有学业指导、勤工助学、就业创业和心理咨询、保险管理、户籍管理、社区服务、申诉投诉等窗口，为学生提供开放式的服务与帮助。山东理工大学的学生处、校团委、招生办公室、教务处、就业处等管理部门入驻了大学生事务管理中心，大学生事务管理中心设有教务管理、创业指导、后勤服务等服务窗口，主要提供学生维权、心理咨询、学籍管理、招生咨询等服务与指导项目。

（五）学生事务"一站式"服务的运行机制

"一站式"服务的规范运作以及健康发展离不开一套完善的运作机制。首先，"一站式"服务能够实现直接办理。高校学生管理相关部门在管理中简化办事程序，提高服务水平，直接为学生处理事务。其次，"一站式"服务能够兑现服务承诺。学生事务管理者能在规定期限内，按照服务的要求帮助学生办理相关的项目。除此之外，"一站式"服务能够整合资源，实现集中办理。对需要两个以上学生事务管理部门处理的项目，可以实行联合办理。最后，"一站式"服务能够实现后台处置的隐形化。对于学生的咨询要求，大厅工作组基本可以给出明确答复。以中南大学为例，其"一站式"服务中心坚持"即办件当场办理、承诺件限时办理、联办件协调办理、急办件快速办理、退回件明确答复、特殊事务预约办理"的运作模式，为学生提供高效、便捷的服务。

三、"一站式"模式的发展趋势

作为新生事物，学生事务"一站式"服务模式要在积极尝试中与时俱进，用改革创新来解决发展中出现的各种问题，并有针对性地提出应对举措。

（一）思想变革，理念先行

"一站式"服务凸显的是高校为学生提供集中、高效、便捷的服务，并通过这种集中式的后台服务，发现学生的需求，服务学生的需要，从而提高高校的管理效率。这是高校学生事务管理者真正践行"以人为本、服务至上"的理念，立足于现代服务理念和公共服务平台，积极履行"一切为了学生，为了学生一切"的职业行为准则的体现。

（二）改革体制，提高效率

"一站式"服务实际上构建了首尾连贯的全方位、全天候的高质量服务模式。要全面整合公共资源、打破条块分割、优化服务流程，构建起以学生需求为重点，吸引学生积极参与的"一条龙"服务，使学生省力、省心，让学生享受接受服务、参与管理的幸福感。

（三）整合资源，集中管理

"一站式"服务要求集中式管理，即将与学生事务工作相关的人员集中在一起，高效率地为学生服务，切实帮助学生解决困难，满足学生学习成长的需求。

集中管理不仅整合了服务资源，提高了办事效率，而且可以激励学生积极参与管理，实现双向互动。一般来说，新建校区可先行规划、设计兴建学生事务中心，不太可能新建服务中心的高校，也可因地制宜地把与学生事务工作相关的人员集中在一层楼或一幢大楼中，实行统一集中办公；有条件的高校可推进电子校务建设，成立网上学生事务服务大厅，实现办事指南、服务动态的网上发布和各项业务的网上办理。

（四）规范操作，形成制度

在实施"一站式"服务时，需根据统一的服务要求，制定新的操作规范、服务流程和职业准则，既使管理人员实施"一站式"服务有章可循、有规可遵，又便于学生参与，同时也方便管理者检查、监督，从而达到提高管理者执行力和学生满意度的目的。

第四节 强化后台支撑，构建"云共享"模式

现代网络和计算机技术的发展为高校学生事务管理资源的整合和共享提供了新的实现手段。近年来，"云计算"越来越被人们熟悉，不仅被视为科技界的又一次革命，更代表着一种新的管理理念和服务模式，"云计算"正以强大的功能逐渐渗透到教育领域，影响教学方式和教育资源的建设、管理与共享。

"云共享"为高校学生事务管理提出了革命性的创新思路，其核心就是将所有资源、信息整合在一个平台上，通过现代信息技术，实现资源的最佳利用，并以更优质的服务形式反馈给最终用户。"云共享"模式在高校学生事务管理中的运用将突破当前高校学生事务管理资源共享的瓶颈，提高学生事务管理资源共享的效率，同时降低共享成本，达成学生事务管理服务便捷化、传播高效化、效果最优化的目标。

一、"云共享"模式的基本特征

"云共享"模式应用于高校学生事务管理系统对促进学生事务数字化资源的共享有着非常明显的优势。

（一）统筹跨部门、跨系统的学生事务通用共享资源平台

目前，有些高校学生事务管理部门的数字化管理系统采取各自为政、相互封闭的建设方式，共享平台缺乏开放性和互联互通。已有的各种网络资源共享的探索，也仅局限在有限的范围内，主要为部分管理者、相关服务对象提供信息查询服务。传统高校学生事务数字化资源管理还存在软、硬件资源重复投入、平台运行维护成本大、资源整合利用率低和信息系统安全性堪忧等现实问题。"云共享"模式将学生工作中涉及的来自不同载体、主体、任务、资源、部门的信息进行融合，达到"合"与"分"的最佳平衡状态，提高学生事务管理的效率和服务质量，实现高校学生事务管理数字化资源的科学、合理发展。

（二）节约学生事务管理资源共享建设的成本

在学生事务管理方面建立"云共享"模式，可以节约高校学生事务管理资源共享建设的成本。目前，高校分部门推进管理资源数字化的成本较高，包括初期服务器、终端及网络接入等设备的购置，日常系统运营及维护，设备更新等。"云共享"模式集中解决信息的互联互通问题，对硬件设备要求很低，无须大规模的硬件投入，可以使建设成本大幅度降低。目前，各部门网络资源间的转换、交换、兼容和共享较为困难，利用"云计算"的协调工作能力，可以进一步实现信息的兼容和整合，使信息共享更为密切、有效，同时也省去了资源转换的费用。

（三）能够有效改善信息处理效率和能耗比

"云共享"模式的创新点在于充分挖掘新兴的互联网技术与高校学生事务管理信息存储共享、学生舆论引导以及师生日常交流方式之间的结合点，有效改善学生事务管理信息处理的效率和能耗比。建立"云共享"模式，可以满足高校学生事务管理内部海量信息存储和处理的新要求，提高高校内学生事务信息交流的效率和学生的满意程度。建立健全"云共享"学生事务管理模式，可以将学生事务管理者从繁杂的事务中解脱出来，让学生事务管理真正落实"以人为本、和谐发展"的理念，实现跨部门、横纵融通的融合式网络管理服务模式的构建，保障学生事务管理工作的高效运转。

二、"云共享"模式的实践思路

基于当前高校学生事务管理的特点，在构建"云共享"模式时应以"和谐发展"和"科学管理"为原则，贯彻"四大融合"理念，即主体融合、载体融合、渠道融合、资源融合，通过"云共享"方式突破学生事务管理数字化资源共享的瓶颈，为高校学生事务管理者提供工作便利，为学生提供更好的服务。

（一）主体融合

构建"云共享"模式，不仅对信息技术有要求，同时需要学生事务管理的相关主体能积极发挥效用。这里的主体，既有从事学生事务管理的人员，又包含学生。高校可根据各自的管理体制和模式，设置用户管理权限，在横向和纵向上形成层次清晰、分工明确的工作模式，充分调动各主体积极性，协同管理，统一指导、各方配合、优势互补，适应信息化的发展和时代要求。

1.多层次纵向贯穿

高校学生事务管理往往不是某个学生或某个学生事务管理者可以单方面完成的，大多涉及学生、院系、相关职能部门及高校，因此需要建设一支能适应高校学生事务网络管理要求的队伍。

高校在实施学生事务管理时可以探索建立"高校职能部门—院（系）副书记—辅导员—学生"的四级管理体系。在该体系中，学生只能看到自己的信息，辅导员只能对所管理的学生的信息进行操作，院（系）副书记可操作整个学院的学生信息，职能部门能看到的学生信息则更多。各用户权责分层，分级管理，进一步明确责任，在纵向上将整个学生事务管理贯穿起来，体现了工作的流程性；同时，该体系充分体现学生主体意识，让学生参与自我管理，增加了学生反馈意见的渠道。

2.多用户横向联络

高校学生事务管理涉及多个职能部门，工作有交叉。应通过多用户、多角色设计，为不同职能部门设计专门的角色，让其管理某方面的学生事务，并在横向上搭建网络化、制度化的分部协同平台，加强各部门之间的沟通，协同完成各项学生事务管理项目，消除各部门之间的壁垒，提高管理效率。

（二）载体融合

载体融合重在将不同部门中相对独立的信息系统作为子系统融合到同一平台上，并统一认证，实现各子系统间的无缝互访。

（三）渠道融合

高校学生事务管理的"云共享"模式主要将"录入上传""审查修改""参与反馈""实时调用"等渠道相融合，在融合过程中应以信息输入和输出的畅通为前提，同时确保数据的完整性和准确性。

1."录入上传"渠道

"录入上传"渠道主要用于大批量信息的集中录入上传。一般在新生刚入学或新学期刚开始时，进行统一的、有组织的、依程序的集体录入和上传。一方面，学生事务管理部门可以将固定的、不可更改的部分学生信息，如学号、专业、身份证号等统一上传到数据库，保证数据的准确性和完整性；另一方面，组织学生在规定时间内维护其他个人必要信息，确保信息的完整性。

2."审查修改"渠道

在后期管理中设定审查限制条件，督促信息不完整的学生继续将信息补充完整。例如，如果某些必要信息不完整，则可能影响学生奖助学金的申请，高校可利用这一制约条件督促学生进一步补充完整自己的信息。

3."参与反馈"渠道

各级学生事务管理主体在管理过程中，如发现数据有错误或不准确、不完整，可及时通过这一渠道将信息反馈至管理员；管理员经过审查核实，对数据进行完善，并及时更新。

4."实时调用"渠道

从事学生事务管理的人员可实时调用所需数据，提高工作效率，做到及时处理、适时应对。同时，学生也可以随时通过手机、电脑等网络终端查询需要的信息。

（四）资源融合

高校学生事务管理中涉及的信息来自方方面面，融合学生事务的各方面信息是整个

"云共享"模式的基本要求。通过云计算内部导入、关联，以学生信息数据（包括学籍异动、家庭经济情况、奖学金和助学金的获得情况、保险理赔、档案管理信息）为基础，整合注册、勤工助学管理、学生困难认定与助学贷款数据、学习成绩、缴费、校园卡数据等信息，将各类信息集成共享，适时推送，实现学生信息立体、全面、多维度的整合与共享，为学生事务的决策判断提供支持和参考。

三、"云共享"模式的发展趋势

（一）公正透明化

学生事务管理数字化系统的主体融合为各级、各项工作的开展营造了公平公正的氛围。同时，学生主体的主动参与，使高校学生事务管理由"部门和辅导员的下行管理"向"支持学生参与互动、沟通反馈、自主管理的双向管理模式"转变。

（二）个性智能化

"云共享"模式力求最大程度地提高学生事务管理的效率，形成智能化、自动化的操作。例如，申报、审批、公示等事件时间节点的自动提示和终止；各类奖、助学金申请条件、资格、名额审查的自动检测和限制；多种数据信息的个性化检索和统计等。

（三）服务导向性

坚持"以人为本"的原则，将管理者从传统的学生事务管理中解脱出来，使之可在工作统筹、学生引导方面投入更多时间；实现学生事务管理由"以领导为主"向"以服务对象为主"转变，由"单纯管理"向"强化服务"转变，由"管理型机构"向"服务型机构"转变。

（四）操作延展性

"云共享"模式将各部门学生事务管理者从办公桌前解放出来，不必局限于某个地域或某台电脑，不必限制在办公时间内解决，只要有网络、有电脑，就可以办公，在空间上和时间上实现了学生事务管理工作的有效延展；对于突发事件能做到及时处理，有利于校园的安全稳定。同时，较之纸质文档，电子数据更便于存储、统计、整理分析，可以方便地实现历史回溯，为下一步操作提供支持。

（五）优化持续性

"云共享"模式的实现必须依赖于软件、硬件及各部门和各主体的支持，同时高校学生事务管理也会在时代发展中出现各种新的需求。因此，"云共享"模式下的服务平台需要整体设计、超前规划，并适时拓展、不断完善、及时优化、动态更新，以确保系统的持续发展。

尽管"云共享"模式在高校学生事务管理中还处于探索阶段，一些理论和实践问题还有待深入研究，但将"云共享"模式应用到高校学生事务管理中是一种有益的尝试，随着技术和应用上的日渐成熟，"云共享"模式将不断展现出它的生命力。

第五节　"以学生为本"理念下的高校学生事务服务中心建设

学生事务是高校学生工作的组成部分之一，集成优化学生事务服务模式、提高服务效率与质量是高校学生工作发展的必然趋势。

一、基本概念界定

学生事务服务中心的成立与运转，需要从顶层设计上解决两个方面的问题：一是价值取向问题，即需要树立"以学生为本"的服务理念。二是科学、合理界定学生事务服务的范围，以促进"以学生为本"服务理念的有效落地。

（一）以学生为本的含义

学生是高校生存发展之本，办大学就是为了培养大学生。"以学生为本"就是以学生为根本，它是"以人为本"理念在教育教学领域的拓展和延伸。"以学生为本"就是高校在办学过程中，以对学生的培养和教育、学生的成长成才为根本。落实到学生事务服务层面，就是将奖励资助、就业指导、档案管理、证件办理等常规学生服务事项进行标准化、流程化提炼，并安排专人定时、定点进行办理。

（二）高校学生事务服务范围

高校学生事务是指高校为维持大学生正常的学习、生活秩序，促进其全面发展，实现高等教育培养目标，在教学过程之外所必须提供的具体事务。高校学生事务服务指高校的专门组织和学生事务服务者依据国家教育领域相关的法律、政策和高校人才培养目标，在一定的学生事务服务理念的指导下，运用相关专业知识与技能，合理配置资源，面向学生提供促进学生发展所必需的学生事务的组织活动过程。具体来说，高校学生事务包括奖励资助、就业指导、档案管理、保险理赔、证件办理几个方面。随着经济社会的进一步发展，社会公共管理机构逐渐向服务型机构转型，这就要求高校学生事务服务工作者顺应时代发展，提炼各项典型学生工作任务，遵循标准化办理流程，全力提高办理效率，从而提高高等教育服务的质量与水平。

（三）高校学生事务服务中心服务宗旨

高校学生事务服务中心的服务宗旨是：本着"方便学生，延伸服务"的工作指导思想，给学生提供一个方便事务办理、咨询疑难问题的服务平台，为学生提供奖励资助、就业指导、档案管理、保险理赔、证件办理等服务，直接面向学生，简化办事流程，提高办事效率。

二、高校学生事务服务中心建设的价值取向

价值取向是高校学生事务服务中心建设的风向标，体现了高校学生事务服务中心建设者的价值选择与实践品格。高校学生事务服务中心应围绕以下三个方面的价值取向进行建设：

（一）以服务学生成长成才为核心价值取向

高校学生事务本质上是高等学校通过非学术性事务和课外活动对学生施加教育影响，以规范、指导和服务学生，丰富学生校园生活，促进学生成长成才的组织活动。高校学生事务服务中心是"一站式"的学生服务基地，是一个集事务办理、咨询服务、工作交流和素质拓展于一体的高效率学生工作平台。高校学生事务服务中心以服务学生成长成才为核心价值取向，围绕与学生切身利益相关的奖励资助、就业指导、档案管理、

保险理赔、证件办理几个方面开展定时、定点的标准化服务。为方便学生办理相关事务，学生事务中心的工作时间安排在中午及下午放学后。此外，学生事务中心成立学生处助理团，助理团成员由经过层层选拔的优秀学生组成。助理团坚持以"学生为本，服务为先"的宗旨，贯彻"自我教育、自我管理、自我服务、自我监督"的理念。经过学生处指导老师的专业培训，学生助理团成员进入学生事务中心各个岗位为同学办理各项事务，在服务中提升职业素养，提高专业能力。

（二）以培养学生工作队伍专业度为专业价值取向

高校学生工作队伍是以辅导员、班主任为主体，包括学生处、团委等学工系统工作人员的专业队伍。《教育部关于加强高等学校辅导员、班主任队伍建设的意见》指出，辅导员、班主任是高等学校教师队伍的重要组成部分，是高等学校从事德育工作，开展大学生思想政治教育的骨干力量，是大学生健康成长的指导者和引路人。长久以来，繁杂的学生常规事务占据了辅导员、班主任大量的工作时间，挤压了他们对学生进行思想政治教育的时间。学生事务服务中心的成立，让高校学生工作人员各归其位，辅导员、班主任能够投入更多的时间提升职业素质，从事思想政治教育工作，进而能够不断提高他们的专业价值。

（三）以提高学生工作队伍工作效率为职业价值取向

工作效率的提高源于分工的细化与专业化。分工，就是每个人专注于做一项工作。学生事务服务中心的成立，能够不断剥离学工队伍的事务性杂事，让高校学生工作人员专注于本职工作，自然能提高工作效率。

三、校级学生事务服务中心的建设

下面以某高校为例来谈谈校级学生事务服务中心的建设：

（一）学生事务服务中心组织结构

学生事务服务中心设置分管领导 1 名，由学生处领导担任，具体负责中心业务。学生处面向全校，选拔优秀且愿意投身学生事务服务工作的在校生。学生事务服务中心是一个集事务办理、咨询服务、工作交流和素质拓展于一体的高效率学生工作平台。事务办理包括奖励资助、就业指导、档案管理、保险证件事务四个组成部分，每个事务模块均安排指导老师进行业务指导（如图 8-1 所示）。

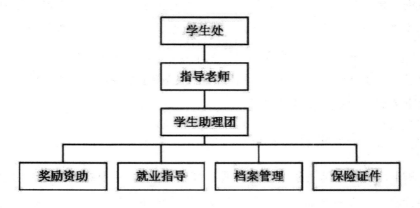

图 8-1 学生事务服务中心组织流程图

除办理常规事务外，学生事务服务中心还会充分利用场地及其他资源不定期举办素质拓展、业务培训、工作交流、企业招聘等活动，多方位促进学生成长成才。

（二）业务流程梳理公示

在学生事务服务中心的建设筹备期，学生处多次组织召开相关职能部门及辅导员工作会议，征集需要归入学生事务服务中心办理的业务，并梳理办理流程，将所有业务办理流程制作成电子图片，向全校学生发布，并在学生事务服务中心展示，方便学生随时查阅。

（三）场地设计与布置

学生事务服务中心位于学院主教学楼与学生处办公室之间，十分便于学生前来办理业务，也便于中心工作人员遇到问题时向学生处指导老师请教。学生事务服务中心的面积达到 600 平方米，设置了咨询区、工作交流区、20 个座席的业务办理区和 100 个座席的素质拓展区。各区域配备了几十台电脑和大屏幕投影宣讲设备，能够满足学生和活动举办者的基本需求。

（四）线上线下一体化建设

学生事务服务中心拥有公众号、QQ 群、网站三个线上工作平台，每个平台分担的工作内容不同。公众号是重要信息的发布平台，方便师生随时查阅。QQ 群是网络信息的在线咨询平台，由担任中心工作人员的学生实时在线答复同学在办理事务中遇到的各项问题，并将有疑惑的同学引流到其他平台自行解决问题。网站主要承担线上职业胜任力测评、职业生涯规划测评、心理测评等工作。以上三个线上工作平台的建设及运转，大大完善了学生事务服务中心的工作服务范围，提高了大规模测评工作的效率，促进了线下学生事务服务中心工作的开展。

（五）建立完善的管理制度

学生事务服务中心涉及学生处的多项工作，同时，其主要的服务对象为学生。为加强学生事务服务中心的科学化、规范化管理，进一步强化窗口工作人员的责任意识和服务意识，提高服务质量和水平，大学生服务中心结合工作实际，制定了《大学生事务中心管理办法》和《大学生事务中心工作人员考核办法》，对事务办理的流程和事务中心工作人员的要求进行了详尽的规定。这就进一步规范了事务办理的流程，使工作人员有规可依，并在一定程度上提高了服务中心的服务水平。同时，学生事务服务中心每学期会对工作人员进行考核和评优，并计算素质拓展学分，很大程度上激发了工作人员的积极性。

第六节　依法治校视野下的高校学生事务管理法治化

一、高校学生事务管理法治化的内涵

高校学生事务管理法治化是依法治校理念在高校学生事务管理领域的贯彻落实，也是高校学生事务管理自我革新的必然诉求。高校学生事务管理法治化是指在全面推进依法治校的总纲领下，在宪法和法律的规定范围内，建立和完善高校学生事务管理的法律、法规、制度体系，明确高校的职责，使高校在学生事务管理的过程中，按照法治原则、法治方法，规范行使学生事务管理权，维护学生的正当权益，保障高校的管理秩序。也就是说，高校学生事务管理法治化的实现，是一个自上而下的系统工程。从国家法律法规和政策的顶层设计，到各个高校学生事务管理规章制度的具体化制定，从学生事务管理必须遵循法治理念和法治原则的宏观要求，到对管理主体的管理权限的限定和管理行为的规范等微观细节，是一个协同并进的有机整体，只有每个环节都不折不扣地落到实处，才能真正实现高校学生事务管理的法治化。

二、高校学生事务管理法治化的必要性

（一）贯彻依法治国方略、依法治校方针的必然要求

党的十八大做出"全面推进依法治国"的重要部署，党的十八届四中全会审议通过了《中共中央关于全面推进依法治国若干重大问题的决定》，党的十九大强调"坚持全面依法治国"，坚持法治国家、法治政府、法治社会一体建设，坚持依法治国和以德治国相结合，党的二十大再一次强调，推进法治中国建设。这一系列重要决定，将我国的法治建设进程推进到了新的历史阶段。而作为国家高度重视和社会高度关注的高等学校，必然应当是贯彻依法治国方略的榜样，是落实依法治校纲要的典范。因此，高校学生事务管理的法治化，是贯彻依法治国方略和依法治校方针的必然要求，也只有在全面依法治国、依法治校的大背景下，我国高等学校学生事务管理的法治化步伐才能迈得更加坚定有力。

（二）推动高校和谐校园建设的客观需要

校园育人环境的和谐稳定，是高校正常办学的基本保障。近年来，电话诈骗、网络诈骗、校园贷、校外兼职陷阱等案例时有发生，一些学生的财产安全和人身安全受到侵害，也使校园整体安全稳定受到影响。面对这些问题，高校要保证学生事务管理的正常有序，保证校园的和谐稳定，就必须从现实情况出发，将高校学生事务管理纳入法治化轨道。

（三）推动高校建设与发展的必要举措

随着我国高校的扩招，高校办学规模逐渐扩大，在校生人数显著增加。同时，"00后"成为大学生的主要群体。高校学生事务管理的对象发生了变化，数量在不断增加，学生事务管理的内容和要求也必须顺应这样的变化。要想厘清管理思路，提高管理水平，高校就必须切实转变管理理念与方式，发挥法治在学生事务管理中的重要作用，提高学生事务管理的法治化、科学化水平。高校学生事务管理应按照规定的方式、规范的步骤进行，依法、依规维护学生的正当权益，提高学生事务管理的效率，保障高校的管理秩序，为高校建设与发展保驾护航。

随着全球化趋势的加快和我国国际影响力的提高，我国高等教育的国际化程度也在逐步提高，高校的对外交流活动更加频繁，来华学习的留学生规模也在逐年增加，高校学生事务管理面临诸多挑战。在这样的背景下，必须将法治化理念融入高校学生事务管理的全过程，以管理法治化应对高校建设发展的国际化需要。高校要以依法治国、依法治校的总体要求为指引，把握高校办学方向，在国家法律、法规和高校规章制度的框架下，规范高校学生事务管理的方方面面，保证高校的建设与发展紧紧围绕国家教育方针。

三、高校学生事务管理法治化存在的现实问题

随着法治国家、法治政府、法治社会建设的展开，我国高等学校办学与管理的法治化进程也在逐步推进。作为依法治校的重要环节，高校学生事务管理的法治化已经受到各方重视，取得了一些成绩和经验，但还有诸多的现实问题亟待研究和解决。

（一）高校学生事务管理法律法规、规章制度体系不健全

我国的高等教育立法起步较晚，改革开放之后，高等教育法律体系的建设才开始不断完善。目前，以《中华人民共和国教育法》《中华人民共和国高等教育法》《中华人民共和国学位法》《普通高等学校学生管理规定》为代表的教育法律法规和规章制度，为高校学生事务管理提供了依据。但这些法律法规大部分都是原则性规定，其实际可操作性比较弱，高校学生事务管理者常常难以从中获得有效的指导。

考虑到高校实际管理过程的需要，部分法律法规赋予了高校制定相应细则的权力。

例如，《中华人民共和国学位条例暂行实施办法》第二十五条规定："学位授予单位可根据本暂行实施办法，制定本单位授予学位的工作细则。"然而，有些高校制定的相关细则违背了上位法，如将学位授予与外语等级考试挂钩。《中华人民共和国学位法》第四章第十九条明确规定，接受本科教育，通过规定的课程考核或者修满相应学分，通过毕业论文或者毕业设计等毕业环节审查，表明学位申请人达到下列水平的，授予学士学位：在本学科或者专业领域较好地掌握基础理论、专门知识和基本技能；具有从事学术研究或者承担专业实践工作的初步能力。因此，将外语等级考试与学位挂钩是违背上位法的，由此可以看出部分高校内部规章制度存在瑕疵。

（二）高校学生事务管理法律法规、规章制度的执行有偏差

再完备的学生事务管理法律法规和规章制度，只要在执行过程中出现偏差，便会功亏一篑。据调查，高校学生事务管理者在执行相关法律法规和规章制度时出现的偏差主要表现为两方面：一是管理者突破法律法规的相关规定，越权处理问题。比如，有的高校宿舍管理部门在未经学生允许的情况下，打开学生储物柜翻找违规物品，发现违规电器直接没收，这侵犯了学生的隐私权与财产权。二是学生事务管理过程存在程序瑕疵。比如，有的高校在对学生做出处分之前，缺乏听取当事人陈述和申辩的程序，或者没有将处分决定直接送达本人；某些高校在评奖选优、助学金申报等过程中缺乏公示环节，或者公示信息不规范。这些存在程序瑕疵的学生事务管理直接影响了高校相关决定的合法性。

（三）学生参与高校管理、实施权利救济的渠道不通畅

《高等学校章程制定暂行办法》明确规定，高校的章程起草应当由学生代表参与，应当广泛听取学生的意见，充分反映学生的要求与意愿；章程应当明确规定学生代表大会的地位作用、职责权限、组成与负责人产生规则，以及议事程序等，维护学生通过学生代表大会参与高校相关事项的民主决策、实施监督的权利；高等学校应当公开章程，接受学生的监督和评估。可见，高校学生参与高校管理，具备有力的法律支撑。但在现实层面，有些高校没有很好地落实相关要求，在制定与学生相关的管理制度时，缺乏面向学生群体的调研，忽视学生的需求和意见；在制度出台或者修订之后，没有及时向全体学生公布和宣传，缺乏必要的公示程序。可见，学生民主参与高校管理的路径并

不顺畅。

《高等学校章程制定暂行办法》同时还规定，章程应当体现以人为本的办学理念，健全学生权益的救济机制，突出对学生权益、地位的确认与保护，明确其权利义务，明确高校受理学生申诉的机构与程序。《普通高等学校学生管理规定》第五十五条也对学生权利救济进行了说明："在对学生作出处分或者其他不利决定之前，高校应当告知学生作出决定的事实、理由及依据，并告知学生享有陈述和申辩的权利，听取学生的陈述和申辩。"可见，学生的权利救济有事前救济和事后救济两部分。在高校管理实践中，学生权利事后救济以申诉为主要形式，高校基本都能按照高校相关制度处理学生申诉的问题，但校内申诉制度还不够完善，申诉委员会人员构成还需要优化，学生申诉事项的范围还需要更加明确。另外，学生处理或处分的事前救济还不够，通常只是由相关人员与当事学生进行谈话，听取学生的申辩，学生并没有充足的时间进行申辩准备，申辩效果不佳，只有少数高校愿意投入相应的人力、物力、财力将听证制度建立起来并加以落实。可见，高校学生实施权利救济的渠道还不通畅。

（四）高校师生欠缺法律知识和法治意识

当前高校学生事务管理的法治化程度还不尽如人意，其中一个重要因素是部分师生欠缺法律知识，法治意识淡薄。大多数高校没有建立针对教师的教育类法律法规学习机制，教师缺少系统学习与培训的机会。在学生层面，虽然大部分高校开设了法律类基础课程，但部分学生并不重视公共必修课的学习，加上高校缺乏在课堂之外安排法治教育，因此学生并没有真正掌握相关法律知识。另外，高校内部管理制度在教师和学生层面的宣传、解读力度不够，师生只有在遇到问题时才会去了解相关文件，这也使规章制度失去了提前教育和警示的作用。

四、高校学生事务管理法治化建设路径

（一）完善高校学生事务管理法律法规、规章制度体系建设

"良法"是"善治"的前提。经过几十年的法治建设，我国高等教育法律体系已经初步形成。然而，高等教育法律法规在一些方面还不健全，在有些方面还存在法律空白，

一些重要的学生事务管理问题尚无法可依，同时也有一些法律法规已经不符合时代特征，很难起到应有的作用。因此，从上位法的层面来看，有必要对高等教育法律法规进行完善，实现管理、立法、内容上的统一，形式上的完整以及层次上的分明，使我国高校学生管理工作在重要的方面都能做到有法可依，形成完善的、具有中国特色的高等教育法律体系。高校层面的"良法"是指各项校内学生事务管理规章制度，是在上位法的框架下建立的规范校内师生行为的制度体系，是高等教育法律体系的重要补充。高校学生事务管理规章制度体系的构建，必须遵循合法性、时效性、可操作性和规范性的原则。

高校应以上位法为指引，对已有的相关规章制度进行经常性的全面梳理，对违背上位法的内容、不符合现实情况的内容进行删减或调整，对可操作性差、不能对学生事务管理工作形成有效指导的内容进行更新或完善，针对新问题或者以往缺乏考虑的老问题，建立新的制度内容。在规章制度的建立、修订过程中，高校要注重程序的规范性，充分考虑学生的参与度，这也是学生事务管理法治化的重要体现。

（二）遵循正当程序原则，规范学生事务管理行为

正当程序是现代法治社会公认的重要原则和法治观念。在以往学生上诉高校的案件中，因高校对学生的处理存在程序瑕疵而导致高校败诉的情况比较普遍。高校学生事务管理重实体正义、轻程序正义的现状急需扭转。高校在对学生做出不利决定时，必须遵循正当程序原则，这一方面有利于保障学生的程序性权利，另一方面也是对高校自身的保护，能避免一些质疑和纠纷。

构建高校学生事务管理正当程序可以从以下几个方面着手：第一，事前程序，高校应公布关涉学生的规章制度，在做出对特定学生不利的决定之前，通过书面通知的形式告知学生具体的指控所依据的规则、相关的证据以及学生所享有的程序性权利；第二，事中程序，高校学生事务管理者应向学生说明做出决定所依据的事实、规定，事实与规定之间的因果关系以及进行自由裁量时考虑的各种因素，听取学生的陈述、申辩，在重大事项的决定上，建立听证程序，然后做出决定；第三，事后程序，高校学生事务管理者应将处理决定及时送达学生本人，并告知当事人救济途径和时效。

（三）推动学生参与高校管理，畅通学生权利救济渠道

要使学生理解与认同高校管理制度与管理过程，从而更大程度地支持学生事务管理工作，就必须改变学生只是被管理者和各类决定的接受者的角色，让学生成为高校管理

的参与者，发挥学生的重要作用。

例如，制定或修订学生事务管理的规章制度时，应当广泛听取学生意见，充分调研论证，设置由学生代表参与讨论和提出建议的环节。在学生事务管理的日常工作中，可以通过多种形式、多种渠道倾听学生心声，一方面，可以充分汲取学生智慧，从而为高校管理服务；另一方面，也可以使高校管理的民主性、法治性得以充分体现。

权利救济是指在权利人的实体权利遭受侵害的时候，由有关机关或个人在法律所允许的范围内采取一定的补救措施，消除侵害，使权利人获得一定的补偿或者赔偿，以保护权利人的合法权益。如前文所述，高校学生权利救济分为事前救济和事后救济两部分，但一些高校还未能将事前救济制度（如听证制度）建立起来，这也使得高校对学生救济权利的保障大打折扣。根据《普通高等学校学生管理规定》，关于学生面临处分或者其他不利决定时，所享有的知情权、陈述权和申辩权的要求，高校应当建立违纪处分听证制度，由学生管理部门人员、教师代表、学生代表等相关人员出席听证会，听取学生针对学校拟做出的处分的陈述和申辩，以保证处分的公正、公平和公开。

学生权利的事后救济形式可以分为校内申诉、行政复议和司法救济三类。基于学生对时间成本、经济成本和便利程度的考虑，学生一般会选择校内申诉的途径解决问题。因此，高校需要完善校内申诉制度，构建科学、合理的学生申诉委员会队伍，保证学生代表人数，保障申诉委员会处理申诉事务的独立性，明确学生申诉事项的范围，规范申诉处理程序，确保学生的校内申诉能得到及时、公正的审查。如果学生不认同校内申诉的决定，则可以向高校的上级教育主管部门提起行政复议，也可向人民法院提起诉讼。听证制度和申诉制度的建立对高校具有重要意义，不仅体现了对学生人格的尊重、权利的保障，也是化解学生与高校之间纠纷和矛盾的有效途径，是高校学生事务管理规范化、法治化建设的重要内容。

（四）加强师生法治教育，提高师生法治意识

在全面依法治国的大背景下，学生及家长的法治意识逐步提高，维权行动也逐渐增加。而一些高校对推进依法治校的认识还不到位，一些教师、学生事务管理者依法保护自身权益、依法对学生实施教育与管理的意识和能力还不强。高校学生事务管理法治化的实现，最终的落脚点在于师生，高校要充分整合校内外资源，构建全方位的师生法治教育体系。高校可通过法律课程、讲座、校园文化活动、法律咨询等形式，以《中华人民共和国教育法》《中华人民共和国高等教育法》《普通高等学校学生管理规定》《中华

人民共和国学位法》《中华人民共和国民法典》等法律法规和高校章程、校纪校规等规章制度为内容，增加师生的法律知识储备，营造师生法治宣传教育氛围。

高校要树立以人为本、法律面前人人平等的理念，以法治化思维进行学生事务管理工作，解决相关问题和难题，全面提高高校依法管理学生事务的能力和水平，保障师生的合法权益。

参 考 文 献

[1]蔡国春. 高校学生事务管理概念的界定：中美两国高校学生工作术语之比较[J]. 扬州大学学报（高教研究版），2000（2）：56-59.

[2]蔡红生，李恩. 移动互联网背景下高校学生事务管理的创新[J]. 学校党建与思想教育，2018（21）：82-84.

[3]蔡朔冰，魏丽丽. 大学生心理健康教育[M]. 成都：电子科技大学出版社，2013.

[4]曹淼孙. 我国体育院校学生事务管理模式研究[M]. 北京：知识产权出版社，2014.

[5]陈春莲. 基于认知理论的新时期高校学生事务管理模式研究[D]. 武汉：武汉大学，2013.

[6]储祖旺. 高校学生事务管理教程[M]. 北京：科学出版社，2009.

[7]丁兵. 当代高校教育管理研究[M]. 西安：西北工业大学出版社，2018.

[8]方巍. 学生事务管理的流派与模式[M]. 杭州：浙江大学出版社，2014.

[9]侯瑞刚. 新时代高校学生管理工作创新研究[M]. 北京：中国水利水电出版社，2019.

[10]黄晓波. 我国高校学生事务管理：问题与对策[J]. 高等教育研究，2009，30（7）：71-76.

[11]黄燕. 中美高校学生事务管理的质性比较与文化反思[M]. 上海：上海大学出版社，2014.

[12]姜玉齐. 用法治思维推进高校学生事务管理的发展[J]. 思想理论教育，2015（9）：107-111.